監修 吉武麻子（タイムコーディネーター）

1日《にち》5分《ふん》!

タイプ別《べつ》診《しん》断《だん》でわかる 時《じ》間《かん》のつかい方《かた》 ②

イラスト WOODY

はじめに

あなたは「時間《じかん》の大切《たいせつ》さ」について考《かんが》えたことがありますか？
ねて起《お》きたら、当《あ》たり前《まえ》のようにある時間《じかん》。
だけど、時間《じかん》は限《かぎ》られています。
それは、命《いのち》に限《かぎ》りがあるからです。
残念《ざんねん》ながら、時間《じかん》は増《ふ》えることはなく、減《へ》っていくものです。

でも不安《ふあん》に思《おも》う必要《ひつよう》はありません！
それは人間《にんげん》、みんな同《おな》じだからです。
時間《じかん》はだれしもにあたえられた、１日《にち》24時間《じかん》という平等《びょうどう》な財産《ざいさん》です。

時間《じかん》はお金《かね》のように目《め》に見《み》えるものではないけど、とても大事《だいじ》なものです。
なぜなら、あなたの人生《じんせい》は、あなたの時間《じかん》のつかい方《かた》によって決《き》まるからです。
あなたが何《なに》をするにしても「時間《じかん》」はいつもかかわってきます。

行《い》きたい学校《がっこう》ができて受験《じゅけん》するとなったら、
勉強《べんきょう》するための「時間《じかん》」が必要《ひつよう》になります。
サッカーが上手《じょうず》になりたいとなったら、
練習《れんしゅう》するための「時間《じかん》」が必要《ひつよう》になります。

まずは時間《じかん》と仲良《なかよ》くなって、時間《じかん》を上手《じょうず》につかえるようになることが、
やりたいことを実現《じつげん》するためのはじめの一歩《いっぽ》なのです。
だからこそ、今《いま》から、自分《じぶん》に合《あ》った時間《じかん》のつかい方《かた》を
身《み》につけていきましょう！

この本《ほん》では、時間《じかん》の上手《じょうず》なつかい方《かた》のヒントをタイプ別《べつ》に
お伝《つた》えしていきます。楽《たの》しんで取《と》り組《く》んでみてくださいね。

タイムコーディネーター　吉武麻子《よしたけあさこ》

目次《もくじ》

Part《パート》 1

時《じ》間《かん》のつかい方《かた》はなぜ大《だい》事《じ》？

時間《じかん》のつかい方《かた》の大切《たいせつ》さを知《し》ろう

時間《じかん》を上手《じょうず》につかって、やりたいことをやろう！

きみは毎日《まいにち》、1日《にち》の時間《じかん》をどんなふうにすごしている？

学校《がっこう》はもちろん、塾《じゅく》や習《なら》いごとがあったりしていそがしいかな？

もっとたくさん遊《あそ》びたいのに、おうちの人《ひと》に「宿題《しゅくだい》しなさい！」とおこられて、もやもやすることもあるかもしれないね。

時間《じかん》のつかい方《かた》が上手《じょうず》になると、やらなければならないことをしっかりやった上《うえ》で、自分《じぶん》の好《す》きなことや、やりたいことにつかえる時間《じかん》も、ちゃんと確保《かくほ》できるようになるよ。

夢《ゆめ》をかなえるためにも、時間《じかん》は大切《たいせつ》

きみの夢《ゆめ》や目標《もくひょう》はなんだろう？
夢《ゆめ》をかなえるためには、そのための勉強《べんきょう》や練習《れんしゅう》などをしなくてはいけないね。そしてそれにつかう時間《じかん》は、学校《がっこう》に行《い》ったり、おうちのお手伝《てつだ》いをしたりして、ふつうに生活《せいかつ》をしている時間《じかん》の中《なか》から、見《み》つけ出《だ》さないといけないんだ。

それに、そもそもかなえたい夢《ゆめ》を見《み》つけるためには、たくさんのことに挑戦《ちょうせん》して、自分《じぶん》は何《なに》が好《す》きなのか、自分《じぶん》は何《なに》をしている時間《じかん》が一番楽《いちばんたの》しいのかを、見《み》つけていくことも必要《ひつよう》だよね。

そのためにも「時間《じかん》の上手《じょうず》なつかい方《かた》」がカギになるよ。

大切《たいせつ》なのは「心地《ここち》よい」時間《じかん》のつかい方《かた》

「時間《じかん》のつかい方《かた》」と聞《き》くと、「たくさんのことを早《はや》くできるようになるテクニック」というイメージがあるかもしれないね。

でも、たくさんのことを短《みじか》い時《じ》間《かん》でできることは、じつはそんなに大切《たいせつ》じゃないよ。生《い》きていく上《うえ》で何《なに》より大切《たいせつ》なことは、自分《じぶん》が心《ここ》地《ち》よいと感《かん》じる時間《じかん》のつかい方《かた》ができるようになることなんだ。

だからこの本《ほん》では、「心地《ここち》よい時間《じかん》のつかい方《かた》ができるようになるための工夫《くふう》」を、たくさん紹介《しょうかい》していくよ。

心地《ここち》よい時間《じかん》のつかい方《かた》は、人《ひと》それぞれ。きみにむいている時間《じかん》のつかい方《かた》をさがしていこう！

何《なに》をしている時間《じかん》が楽《たの》しいのか知《し》ろう！

きみは何《なに》をしているときが楽《たの》しいかな。サッカーをしているとき？　友《とも》だちとおしゃべりしているとき？　ゲームをしているとき？　それとも……？

自分《じぶん》が楽《たの》しいと感《かん》じることを知《し》っていることは、じつはとても大切《たいせつ》なんだ。せっかく時間《じかん》がたくさんあっても、「その時間《じかん》に何《なに》をするのが楽《たの》しいか」がわかっていないと、自分《じぶん》の心地《ここち》よい時間《じかん》のつかい方《かた》ができなくなってしまうよ。

大人《おとな》になると、楽《たの》しいことが何《なに》か忘《わす》れてしまうこともある。だから、今《いま》のうちから、自分《じぶん》が楽《たの》しいと感《かん》じることを知《し》って、楽《たの》しいことを増《ふ》やしていくようにしよう！

時《じ》間《かん》のつかい方《かた》が上手《じょうず》になると…

1 毎日《まいにち》の生活《せいかつ》が整《ととの》う

今日《きょう》やることがあらかじめわかっていると、時間《じかん》に追《お》われるのではなく、時間《じかん》を自分《じぶん》の意思《いし》でコントロールできるようになるよ。

そうすると、ねぼうしたり、ダラダラすごしたりすることがしぜんとなくなって、生活《せいかつ》がきちんと整《ととの》っていくんだ。

生活《せいかつ》が整《ととの》うと、頭《あたま》や体《からだ》の調子《ちょうし》もよくなるので、集中力《しゅうちゅうりょく》もアップ。今《いま》までより、短《みじか》い時間《じかん》でできることも増《ふ》えて、ますます時間《じかん》によゆうが生《う》まれるよ。

2 たくさんのことができるようになる

毎日《まいにち》、スケジュールを立《た》てて計《けい》画的《かくてき》に動《うご》くと、勉強《べんきょう》やお手伝《てつだ》い、遊《あそ》び、趣味《しゅみ》など、今《いま》よりたくさんのことができるようになるよ。

これは、時間《じかん》を区切《くぎ》って行動《こうどう》できるようになるから。ぎゃくに、いろいろなことをやる順番《じゅんばん》や、それにかかる時間《じかん》を考《かんが》えずに行動《こうどう》してしまうと、やるべきことが終《お》わらなかったり、やりたいことができなかったりするよ。

大《おお》きくなるにつれて、やることはどんどん増《ふ》えていくもの。今《いま》から時間《じかん》を上手《じょうず》につかって、たくさんのことができるようになっておくと、充実《じゅうじつ》した生活《せいかつ》を送《おく》れるよ。

3 好《す》きなことが思《おも》いきりできる

1日《にち》のスケジュールを組《く》むと、きゅうくつだと感《かん》じるかな？ でもじつは、スケジュールを組《く》んだほうが、好《す》きなことが思《おも》いきりできるようになるよ。むしろ、スケジュールを組《く》むのは、好《す》きなことを心置《こころお》きなくできる時間《じかん》を、しっかり確保《かくほ》するためでもあるんだ。

スケジュールを組《く》んで見通《みとお》しが立《た》つと、「あれも、これもやらなきゃ」というあせりや、「宿題《しゅくだい》をやらなきゃいけないのにな……」という罪悪感《ざいあくかん》もなくなるよ。

せっかくの楽《たの》しい時間《じかん》をしっかり楽《たの》しむために、スケジュールをうまくつかいこなそう。

4 急《きゅう》なできごとにも対応《たいおう》できる

1日《にち》のスケジュールを組《く》み、時《じ》間《かん》を意識《いしき》して生活《せいかつ》していると、毎《まい》日《にち》の生活《せいかつ》にゆとりができるよ。だから、とつぜんのハプニングが起《お》こっても、うまく対応《たいおう》できるようになるんだ。

毎日《まいにち》なんとなくすごしていると、時間《じかん》が足《た》りなくなりがち。そうすると、何《なに》かあったときに「どうしよう！」とあせってしまって、できるはずのことまで、できなくなることもあるんだ。

とつぜんのできごとには「急《きゅう》に友《とも》だちに遊《あそ》びにさそわれた」といった、楽《たの》しいこともあるよね。そういったときにも対応《たいおう》できるよう、スケジュールを意識《いしき》しよう。

5 おうちの人《ひと》や友《とも》だちから信頼《しんらい》される

待《ま》ち合《あ》わせの時間《じかん》におくれたり、忘《わす》れものをしたり、宿題《しゅくだい》や提出物《ていしゅつぶつ》の期限《きげん》をいつも守《まも》れなかったりしたら、相手《あいて》はどう思《おも》うかな？　くり返《かえ》すうちに、きっと相手《あいて》から信用《しんよう》されなくなってしまうね。相手《あいて》にめいわくもかかるから、たとえうっかりだとしてもよくないよね。

時間《じかん》を上手《じょうず》につかえるようになると、うっかりおくれたり、うっかり忘《わす》れたりすることが少《すく》なくなるよ。その結果《けっか》、おうちの人《ひと》や学《がっ》校《こう》の先生《せんせい》、友《とも》だちなどから信頼《しんらい》されるようになるんだ。（72ページや76ページの内容《ないよう》も参考《さんこう》にしてね）

6 将来《しょうらい》の夢《ゆめ》が見《み》つかる

毎日《まいにち》の生活《せいかつ》の中《なか》に、好《す》きなことをできる時間《じかん》があると、自分《じぶん》の趣《しゅ》味《み》や興味《きょうみ》のあることに、いろいろと取《と》り組《く》めるね。たとえ短《みじか》い時間《じかん》であっても、続《つづ》けていくうちに将《しょう》来《らい》の夢《ゆめ》につながったり、将来《しょうらい》の夢《ゆめ》が見《み》つかったりするはず。

今《いま》、将来《しょうらい》の夢《ゆめ》がすぐに思《おも》いうかばない人《ひと》も大丈夫《だいじょうぶ》。好《す》きなことを続《つづ》けたり、興味《きょうみ》のあることにどんどんチャレンジしたりすることで、やりたいことがきっと見《み》つかるよ。毎日《まいにち》のスケジュールを上手《じょうず》に組《く》んで、好《す》きなことを楽《たの》しむ時間《じかん》を確《かく》保《ほ》しよう！

きみには
どんな時間《じかん》のつかい方《かた》が
むいているかな？

時間《じ》《かん》のつかい方《かた》タイプ別《べつ》診《しん》断《だん》

心地《ここち》よい時間《じかん》のつかい方《かた》は、人《ひと》によってちがうもの。時間《じかん》のつかい方《かた》を学《まな》ぶ前《まえ》に、自分《じぶん》がどんなタイプか知《し》っておこう。あまり深《ふか》く考《かんが》えず、YES《イエス》・NO《ノー》で答《こた》えてね。

START《スタート》

放課後《ほうかご》は友《とも》だちと遊《あそ》ぶことが多《おお》い

YES《イエス》 → よく忘《わす》れものをする
NO《ノー》 → 手帳《てちょう》をつかったり日記《にっき》をつけたりするのが好《す》き

よく忘《わす》れものをする
NO《ノー》
YES《イエス》

手帳《てちょう》をつかったり日記《にっき》をつけたりするのが好《す》き
NO《ノー》 → 毎日《まいにち》やりたいことがたくさんある
YES《イエス》 → 体育《たいいく》の種目《しゅもく》は個人競技《こじんきょうぎ》のほうが好《す》き

毎日《まいにち》やりたいことがたくさんある
YES《イエス》
NO《ノー》

体育《たいいく》の種目《しゅもく》は個人競技《こじんきょうぎ》のほうが好《す》き
NO《ノー》 → 毎日《まいにち》やりたいことがたくさんある
YES《イエス》 → よくランドセルの整理《せいり》をする

よくランドセルの整理《せいり》をする
NO《ノー》
YES《イエス》

YES《イエス》かNO《ノー》か
まよったときは
おうちの人《ひと》や友《とも》だちに
聞《き》いてみてもOK《オーケー》!

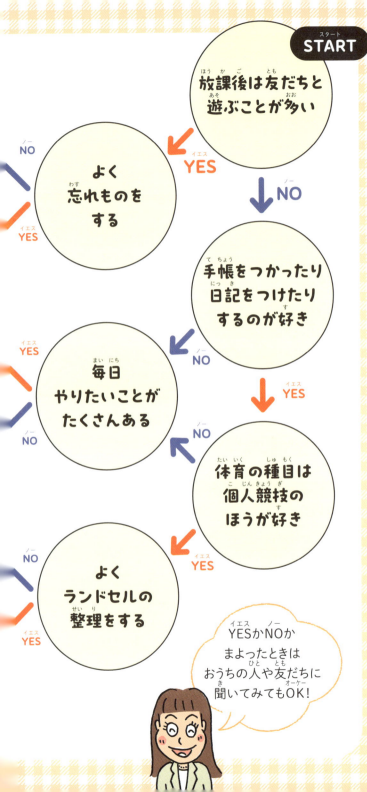

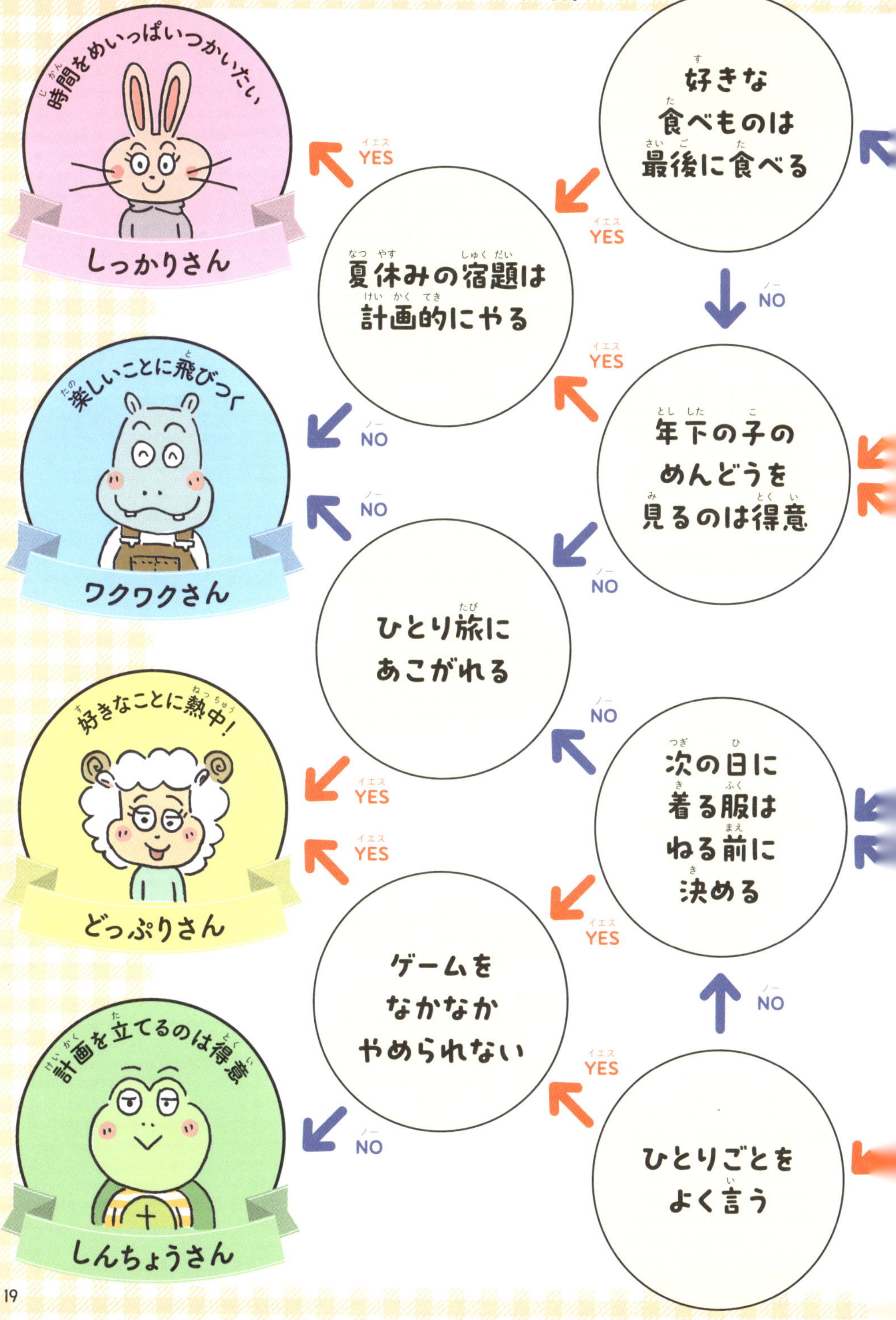
好《す》きな食《た》べものは最後《さいご》に食《た》べる
YES《イエス》
NO《ノー》
年下《としした》の子《こ》のめんどうを見《み》るのは得意《とくい》
YES《イエス》
NO《ノー》
次《つぎ》の日《ひ》に着《き》る服《ふく》はねる前《まえ》に決《き》める
YES《イエス》
NO《ノー》
ひとりごとをよく言《い》う
YES《イエス》
NO《ノー》
夏休《なつやす》みの宿題《しゅくだい》は計画的《けいかくてき》にやる
YES《イエス》
NO《ノー》
ひとり旅《たび》にあこがれる
NO《ノー》
YES《イエス》
ゲームをなかなかやめられない
YES《イエス》
NO《ノー》
時間《じかん》をめいっぱいつかいたい
しっかりさん
楽《たの》しいことに飛《と》びつく
ワクワクさん
好《す》きなことに熱中《ねっちゅう》!
どっぷりさん
計画《けいかく》を立《た》てるのは得意《とくい》
しんちょうさん

時間《じかん》をめいっぱいつかう「しっかりさん」つめこみすぎないことが大切《たいせつ》！

めんどうみがよくて、おうちの人《ひと》や先生《せんせい》、友《とも》だちからたよりにされる「しっかりさん」。やりたいこともたくさんあるきみは、毎日《まいにち》、たくさんの予定《よてい》を入《い》れて、時間《じかん》をめいっぱいつかっているんじゃないかな。

ただ、予定《よてい》をつめこみすぎて、バタバタしたり、ねる時間《じかん》がおそくなったり、ふたつのことを同時《どうじ》にやる「ながら」を、ついやってしまってはいないかな？　予定《よてい》をつめこみすぎないコツを、学《まな》んでいこう！

楽《たの》しいことに飛《と》びつく「ワクワクさん」先《さき》のことを想像《そうぞう》する習慣《しゅうかん》をつけると◎

楽《たの》しいことが大好《だいす》きで、ためらわずに飛《と》びつく「ワクワクさん」。人《ひと》づきあいもよくて、友《とも》だちからのさそいを断《ことわ》ることは、めったにないかもしれないね。

そんなきみは、ひそかに「時間《じかん》が足《た》りない」というなやみをかかえていないかな?

1日《にち》の時間《じかん》は限《かぎ》られているね。まずは時計《とけい》を見《み》て行動《こうどう》するクセをつけよう。さらに、先《さき》のことを想《そう》像《ぞう》する習慣《しゅうかん》をつけると、今《いま》よりステップアップできるよ!

好《す》きなことに熱《ねっ》中《ちゅう》する「どっぷりさん」やるべきことは、先《さき》にすませよう！

自分《じぶん》の世界《せかい》を持《も》っていて、好《す》きなことがはっきりしている「どっぷりさん」。好《す》きなことにとことん熱中《ねっちゅう》して、気《き》がつけば何時間《なんじかん》もたっていた……なんてこともよくあるんじゃないかな。

そんなきみは、興味《きょうみ》のないことには、無関心《むかんしん》になりがちかもしれないね。

生活《せいかつ》していく上《うえ》では、やらなければならないことがあるから、それを先《さき》にすませる習慣《しゅうかん》をつけよう。そうすれば、好《す》きなことを心置《こころお》きなく楽《たの》しめるよ！

計画《けいかく》が得意《とくい》な「しんちょうさん」できたことには「OK《オーケー》」を出《だ》そう！

きちんと計画《けいかく》を立《た》て、それにそって進《すす》めることが得意《とくい》な「しんちょうさん」。コツコツと目《め》の前《まえ》のことを進《すす》めることを、当《あ》たり前《まえ》だと思《おも》っているかもしれないけど、それは本当《ほんとう》にすごいこと！

小《ちい》さなことでも何《なに》かをやりとげたときには、自分《じぶん》で自分《じぶん》に「OK《オーケー》」を出《だ》して、自分《じぶん》をみとめてあげよう。しっかりとできていることには、自信《じしん》を持《も》ってね。

また、予想外《よそうがい》のことが起《お》こったときは、ひとりでかかえこまず、まわりの人《ひと》に相談《そうだん》するといいよ。

4つのタイプを分類《ぶんるい》すると…

20〜23ページで紹介《しょうかい》した4つのタイプは、左《ひだり》の図《ず》のように表《あらわ》せるんだ。ひとつではなく、いくつかのタイプに当《あ》てはまる場合《ばあい》もよくあるよ。これから紹介《しょうかい》するタイプ別《べつ》のアドバイスでは、自分《じぶん》のタイプだけでなく、「これが近《ちか》いかな?」と思《おも》ったタイプへのアドバイスも、参考《さんこう》にしてみてね。

計画的《けいかくてき》にやりたい

しっかりさん

★人《ひと》とかかわることが好《す》き!
★計画《けいかく》は得意《とくい》!

しんちょうさん

★ひとりの時間《じかん》が好《す》き!
★計画《けいかく》は得意《とくい》!

人《ひと》とすごす時間《じかん》が好《す》き

今《いま》を楽《たの》しみたい

ワクワクさん

★人《ひと》とかかわることが好《す》き!
★自由《じゆう》にすごしたい!

どっぷりさん

★ひとりの時間《じかん》が好《す》き!
★自由《じゆう》にすごしたい!

ひとりですごす時間《じかん》が好《す》き

COLUMN《コラム》

時《じ》間《かん》にまつわることわざ①

早《はや》起《お》きは三《さん》文《もん》の徳《とく》

早《はや》く起《お》きると、何《なに》かいいことがあるという意《い》味《み》。「三《さん》文《もん》の徳《とく》」の三《さん》文《もん》は、現《げん》在《ざい》の100円《えん》ほどなので、ほんのちょっとのいいことがあるということだね。

光《こう》陰《いん》矢《や》の如《ごと》し

時《じ》間《かん》は矢《や》が飛《と》ぶような速《はや》さで、あっという間《ま》にすぎていくという意《い》味《み》。時《じ》間《かん》を大《たい》切《せつ》にしたいときや、時《じ》間《かん》がたつのが早《はや》いと感《かん》じるときに使《つか》うよ。

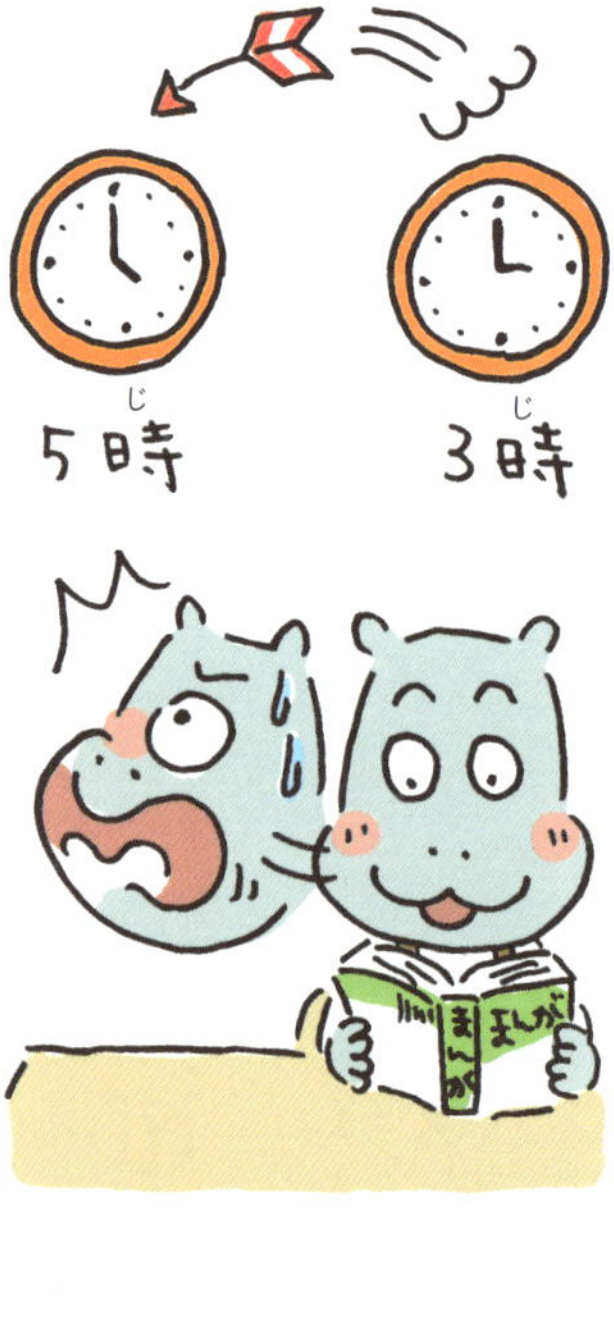

Part《パート》 2

上手《じょうず》な時《じ》間《かん》のつかい方《かた》の基《き》本《ほん》

やりたいことを書《か》き出《だ》そう

ここでは
あなたが心地《ここち》よいと感《かん》じる
時間《じかん》のつかい方《かた》を
いっしょに考《かんが》えて
いくよ
えーっ
たいへんそう！
自由時間《じゆうじかん》が
なくなるのは
いやだなー
今《いま》よりたくさんの
ことなんて
できないよ
またやることが
増《ふ》えちゃうの？
いえいえ ちがいます！
時間《じかん》の上手《じょうず》なつかい方《かた》がわかると
自分《じぶん》の好《す》きなことや ワクワクすることを
たくさん できるようになるよ。
まずは やりたいことを
自由《じゆう》に書《か》いてみよう！
わー ほんと？　やるやる！

やりたいことを自由《じゆう》に書《か》こう！

まずは、やりたいことを自由《じゆう》に書《か》くよ。今《いま》は、じっさいに「できる」「できない」は、考《かんが》えなくてOK《オーケー》。毎日《まいにち》の生活《せいかつ》の中《なか》で、自分《じぶん》が「やりたい！」と思《おも》うことを、どんどん書《か》き出《だ》してみてね。

もし、やりたいことが頭《あたま》にうかばない場合《ばあい》は「それをやっているとあっという間《ま》に時間《じかん》がすぎていること」がないか、思《おも》い出《だ》してみよう。

時間《じかん》を上手《じょうず》につかうのは、この「やりたいこと」ができる時間《じかん》をつくりだすためだと、覚《おぼ》えておいてね！

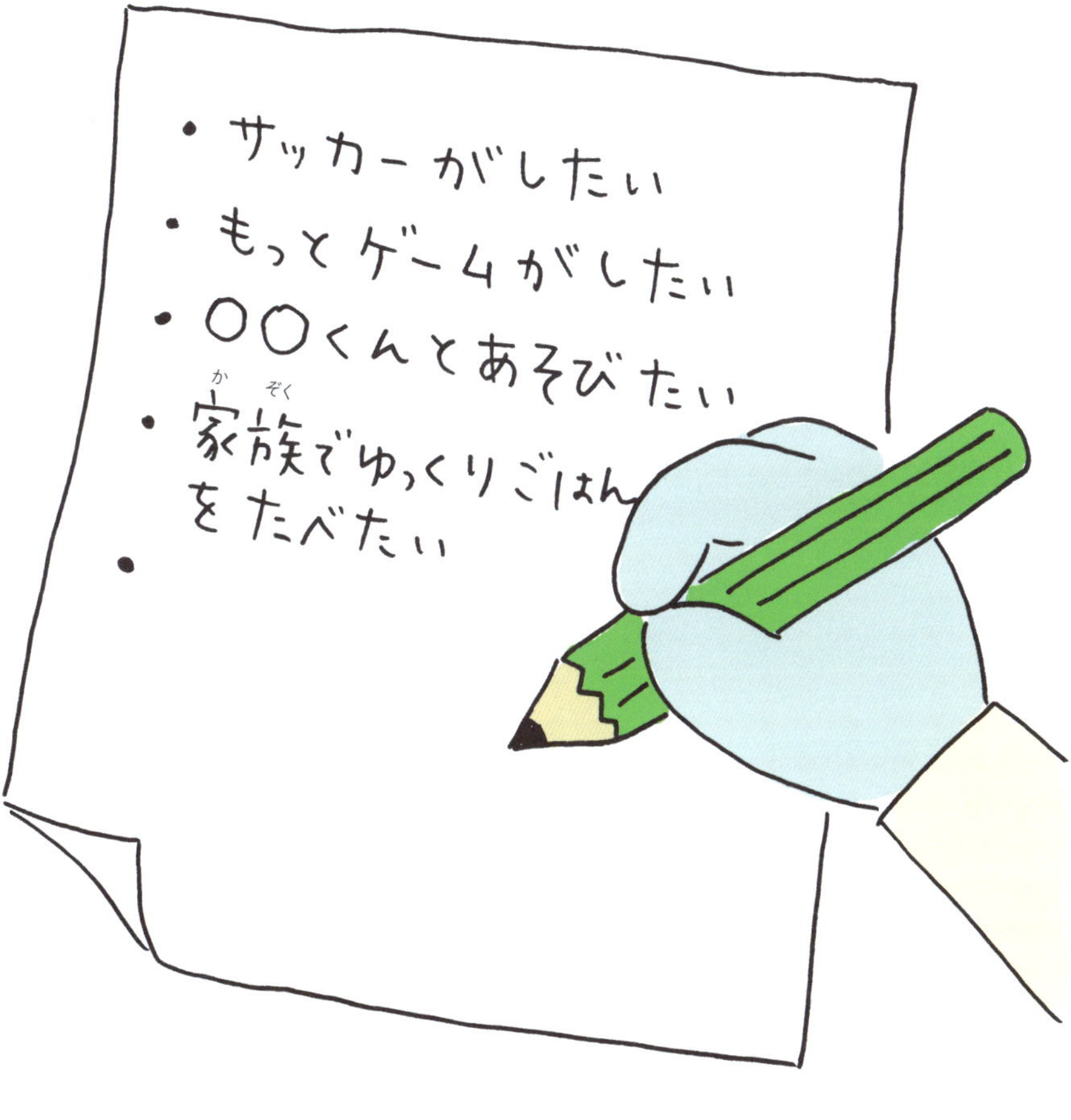
・サッカーがしたい
・もっとゲームがしたい
・○○くんとあそびたい
・家《か》族《ぞく》でゆっくりごはんをたべたい
・

Step《ステップ》 1

毎日《まいにち》やっていることを書《か》き出《だ》そう

3つのグループに分《わ》けて書《か》こう

時間《じかん》を上手《じょうず》につかうために、まずは自分《じぶん》が1日《にち》をどんなふうにすごしているか、ふり返《かえ》ろう！

はじめに、きみが学校《がっこう》に行《い》く日《ひ》にやっていることを、すべて書《か》き出《だ》してみよう。このとき、3つのグループに分《わ》けて書《か》き出《だ》すよ。

1つめは、食事《しょくじ》や身《み》じたく、おふろ、すいみんなど「生活《せいかつ》に必要《ひつよう》なこと」。

2つめは、学校《がっこう》、宿題《しゅくだい》、塾《じゅく》や習《なら》いごと、お手伝《てつだ》いなど「やらなければならないこと」。

そして3つめは、遊《あそ》びや趣味《しゅみ》、のんびりする、動画《どうが》を見《み》るなど、きみが「好《す》きなこと・やりたいこと」だよ。

グループごとに色《いろ》を決《き》めよう

3つのグループがひとめでわかるように、それぞれのテーマカラーを決《き》めておこう。32ページで円《えん》グラフに書《か》きこんだあと、色分《いろわ》けするから、覚《おぼ》えておいてね。

3色《しょく》の色画用紙《いろがようし》や折《お》り紙《がみ》に書《か》き出《だ》してもいいね！

やらなければならないこと

- 学校《がっこう》
- 塾《じゅく》
- 宿題《しゅくだい》
- 習《なら》いごと
- お手伝《てつだ》い

など

生活《せいかつ》に必要《ひつよう》なこと

- 朝《あさ》ごはん
- ばんごはん
- 朝《あさ》の身《み》じたく
- おふろに入《はい》る
- ねる

など

好《す》きなこと・やりたいこと

- ゲームをする
- 友《とも》だちと遊《あそ》ぶ
- テレビを見《み》る
- 本《ほん》を読《よ》む
- のんびりする

など

書《か》き出《だ》しただけでなんだか頭《あたま》がすっきりするなあ

Step《ステップ》 2

1日《にち》のスケジュールを円《えん》グラフにしよう

円《えん》グラフに書《か》きこんで色分《いろわ》け

30－31ページで書《か》き出《だ》した項目《こうもく》を見《み》ながら、1日《にち》のスケジュールを円《えん》グラフに書《か》きこんでいくよ。朝起《あさお》きる時間《じかん》から順番《じゅんばん》に、思《おも》い出《だ》しながら書《か》いていこう。

　書《か》き終《お》えたら、30ページで決《き》めた、3つのグループのそれぞれの色《いろ》をぬろう。きみの1日《にち》の行動《こうどう》がひとめでわかるようになるね。

　曜日《ようび》によってスケジュールがちがう人《ひと》は、とりあえず月曜日《げつようび》の予《よ》定《てい》を書《か》いてみよう。

例《れい》

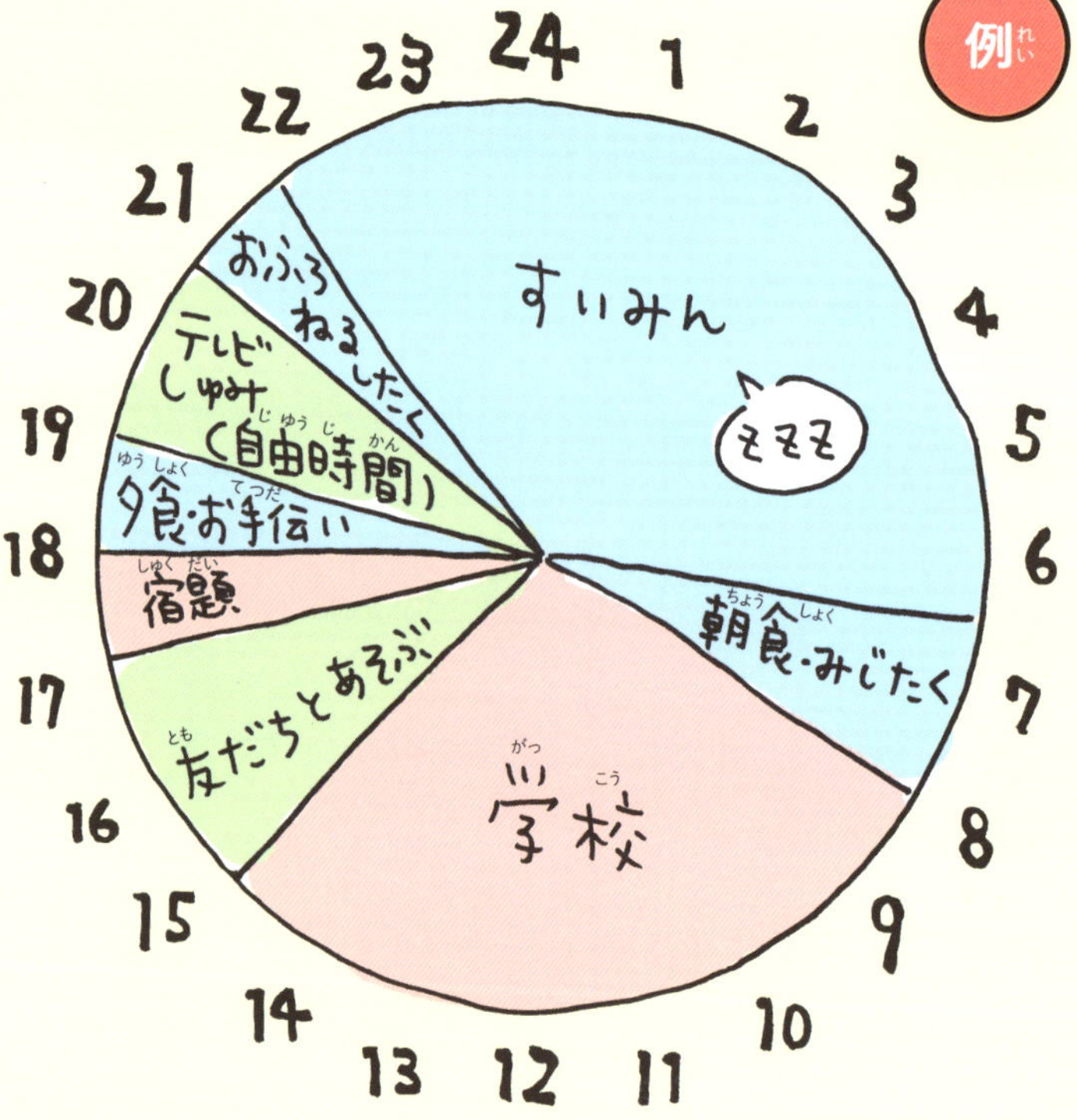

きみも書《か》いてみよう!

きみの1日《にち》のスケジュールを
円《えん》グラフに書《か》きこんで、色分《いろわ》けしてみよう!

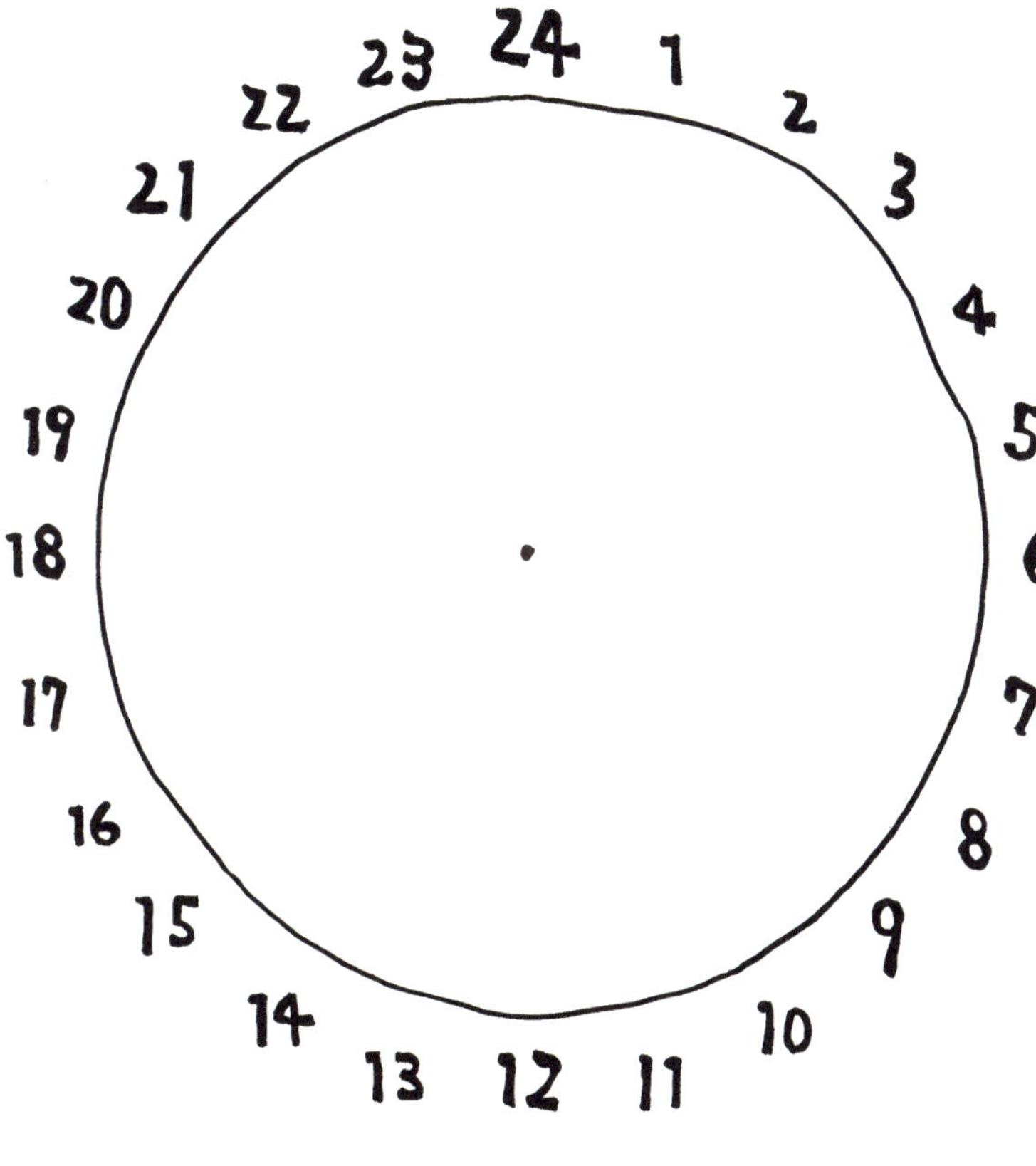

Step《ステップ》 3

好《す》きなことにつかえる時間《じかん》を確認《かくにん》しよう

円《えん》グラフから時間《じかん》をわりだす

1日《にち》の行動《こうどう》を円《えん》グラフに書《か》いてみると、自分《じぶん》がどんなふうに毎日《まいにち》をすごしているか、よくわかるね。緑色《みどりいろ》でぬったところが、「好《す》きなこと・やりたいこと」につかえる時間《じかん》だよ。どのくらい時間《じかん》があるか、円《えん》グラフを見《み》ながら計算《けいさん》してみよう。

実際《じっさい》に計算《けいさん》してみると、つかえる時間《じかん》は意外《いがい》と短《みじか》いことがわかるんじゃないかな。

例《れい》

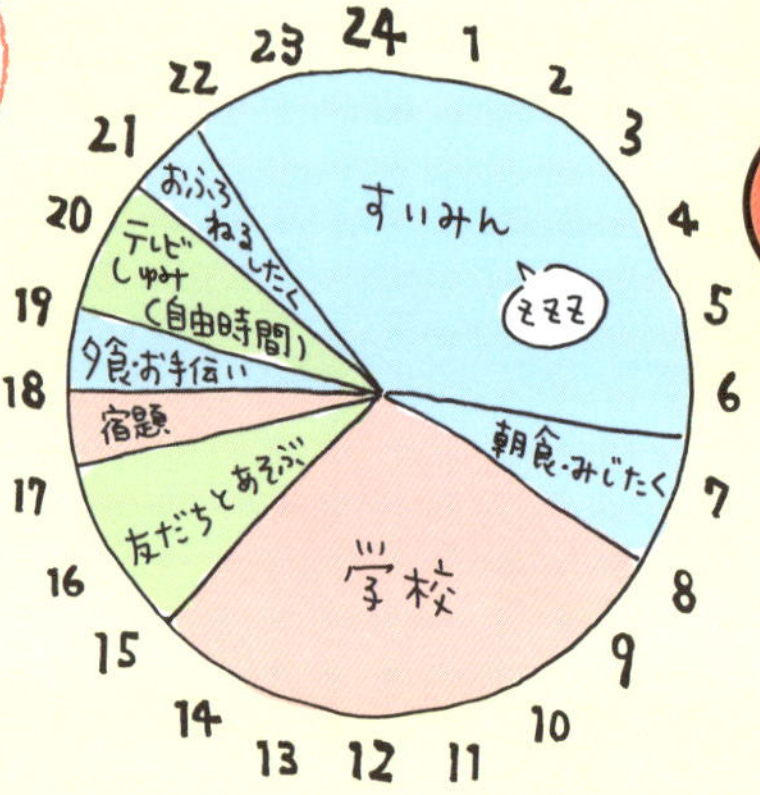

1日《にち》(24時間《じかん》)−すいみん(9時間《じかん》)
−学校《がっこう》(7時間《じかん》)=8時間《じかん》

8時間《じかん》−生活《せいかつ》に必要《ひつよう》なこと(3時間半《じかんはん》)
−やらなければならないこと(1時間《じかん》)
=3時間半《じかんはん》

自分《じぶん》の円《えん》グラフを見《み》て どんな感想《かんそう》を もったかな？
「やらなければならないこと」をやる時間《じかん》をとっていなかった！
思《おも》っていたよりすいみん時間《じかん》が短《みじか》かったです
「生活《せいかつ》に必要《ひつよう》なこと」に時間《じかん》がかかっているなと思《おも》いました
「好《す》きなこと」ができる時間《じかん》が思《おも》ったよりなかった…
時間《じかん》を上手《じょうず》につかうコツを知《し》れば より理想的《りそうてき》なスケジュールが組《く》めるようになって「好《す》きなこと・やりたいこと」をもっと楽《たの》しめるようになるよ。みんなでコツを見《み》ていこう！
は～い！

時間《じかん》を上手《じょうず》につかうコツ①

生活《せいかつ》のリズムを整《ととの》える

体内時計《たいないどけい》に合《あ》わせて快適《かいてき》

人間《にんげん》の体《からだ》は、日《ひ》がのぼると目《め》が覚《さ》めて、日《ひ》が落《お》ちて夜《よる》になるとねむくなるようにできているよ。これを「体内時計《たいないどけい》」というんだ。

体内時計《たいないどけい》のリズムはだいたい24時間《じかん》。毎日《まいにち》決《き》まった時間《じかん》に起《お》きてごはんを食《た》べたり、朝日《あさひ》を浴《あ》びたりすることで、体内時計《たいないどけい》が整《ととの》うよ。つかれにくくなるし、やる気《き》や集中力《しゅうちゅうりょく》もアップするんだ！

生活《せいかつ》リズムを整《ととの》えることは、時間《じかん》を上手《じょうず》につかうための基本《きほん》だよ。

しっかりさんは…

やりたいことが終《お》わらなくて、ねる時間《じかん》がおそくなってしまうことがあるんじゃないかな。決《き》めた時間《じかん》ですっぱり終《お》わりにすることも大事《だいじ》だよ！

ワクワクさんは…

朝《あさ》は「必要《ひつよう》なことだけをやる」と決《き》めるのはどうかな。朝《あさ》やることをリストにして、見《み》えるところにはっておこう！　また、時計《とけい》を見《み》るクセをつけるのもおすすめ。

ポイント

起《お》きる時間《じかん》は逆算《ぎゃくさん》して決《き》める

生活《せいかつ》リズムを整《ととの》えるためには、毎朝《まいあさ》決《き》まった時間《じかん》に起《お》きることが大切《たいせつ》。起《お》きる時間《じかん》は、家《いえ》を出《で》るまでにかかる時間《じかん》によって、決《き》めるといいね。一度《いちど》、起《お》きてから家《いえ》を出《で》るまでの時間《じかん》を計《はか》ってみよう。

朝《あさ》はおうちの人《ひと》もみんないそがしいから、目覚《めざ》まし時計《どけい》をセットしてひとりで起《お》きて、自分《じぶん》のことは自分《じぶん》でやるように心《こころ》がけよう。

前日《ぜんじつ》の夜《よる》のすごし方《かた》も大切《たいせつ》だよ

どっぷりさんは…

つい目《め》の前《まえ》のことに熱中《ねっちゅう》してしまうから、終《お》わりの時間《じかん》を意識《いしき》して、生活《せいかつ》のリズムがくずれないように気《き》をつけよう。生活《せいかつ》リズムが整《ととの》うと、集中力《しゅうちゅうりょく》がアップして、より好《す》きなことに熱中《ねっちゅう》できるよ。

しんちょうさんは…

生活《せいかつ》のリズムを整《ととの》えることは、得意《とくい》だね。ただ、ときには、思《おも》いがけないことが起《お》こって、予定通《よていどお》りにいかないことも。そういうときは「ま、いいか」と気楽《きらく》に考《かんが》えることも大切《たいせつ》だよ。

時間《じかん》を上手《じょうず》につかうコツ②

やらなければならないことの時間《じかん》を確保《かくほ》する

まずは必要《ひつよう》な時間《じかん》を確保《かくほ》しよう

生活《せいかつ》していく上《うえ》では、だれにでも、絶対《ぜったい》に必要《ひつよう》な時間《じかん》があるね。

ひとつは、食事《しょくじ》やすいみんなど、「生活《せいかつ》に必要《ひつよう》なこと」をする時間《じかん》。これはけずることができないよ。ついすいみん時間《じかん》をけずりたくなってしまうかもしれないけど、それはやめておこう。すいみんは、健康《けんこう》や成長《せいちょう》のために、絶対《ぜったい》に必要《ひつよう》だからね。

もうひとつは、「やらなければならないこと」をやる時間《じかん》。学校《がっこう》に行《い》ったり、宿題《しゅくだい》やお手伝《てつだ》いをしたりすることも、きみたちが生《い》きていくのに必要《ひつよう》な力《ちから》をつけるために、大切《たいせつ》なことなんだ。

1日《にち》のスケジュールを考《かんが》えるときには、好《す》きなことを落《お》ち着《つ》いて楽《たの》しむためにも、これらの絶対《ぜったい》に必要《ひつよう》な時間《じかん》を、先《さき》に決《き》めておくようにしよう。そうすれば、「好《す》きなこと・やりたいこと」につかえる時間《じかん》がどのくらいあるかが、見《み》えてくるよ。

ポイント

必《かなら》ずしも先《さき》にやらなくてもOK《オーケー》

毎日《まいにち》「学校《がっこう》から帰《かえ》ったらまず宿題《しゅくだい》」と決《き》めてしまうと、暗《くら》くなって外《そと》で遊《あそ》べなくなったりもするよね。「やらなければならないこと」を「好《す》きなこと・やりたいこと」よりも先《さき》に終《お》わらせないといけない、ということではないよ。大切《たいせつ》なのは、やる時間《じかん》を決《き》めておいて、それを守《まも》ること!

ポイント

ワクワクする時間《じかん》も大事《だいじ》!

毎日《まいにち》、やることがたくさんあっても、好《す》きなことをする時間《じかん》を、少《すこ》しでもいいのでとるようにしよう。楽《たの》しい時間《じかん》は、苦手《にがて》なことをやるときのエネルギーにもなるんだ。時間《じかん》がないときは、つかえる時間《じかん》を増《ふ》やすコツ(40-41ページ)や、優先順位《ゆうせんじゅんい》をつけるコツ(42-43ページ)を参考《さんこう》にしてね。

時間《じかん》を上手《じょうず》につかうコツ③

つかえる時間《じかん》を増《ふ》やす

ちょっとした時間《じかん》をつみかさねよう

1日《にち》の中《なか》で、つかえる時間《じかん》が増《ふ》えると、好《す》きなことができる時間《じかん》も増《ふ》えるし、生活《せいかつ》によゆうが生《う》まれるね。

ここでは、つかえる時間《じかん》を増《ふ》やす方法《ほうほう》を紹介《しょうかい》するよ。1回《かい》に増《ふ》える時間《じかん》が5分《ふん》だったとしても、それが3回《かい》あれば15分《ふん》、4回《かい》あれば20分《ぷん》になるよ！　できることからやってみよう。

ポイント

すきま時間《じかん》を活用《かつよう》する

用事《ようじ》と用事《ようじ》の間《あいだ》に、ちょっとした「すきま時間《じかん》」はないかな？　たとえば、習《なら》いごとに行《い》く前《まえ》の5分間《ふんかん》、ばんごはんを待《ま》っている5分間《ふんかん》、あるいは、お友《とも》だちがおうちに来《く》るのが5分《ふん》おくれることになったら、そのときの時間《じかん》など。

すきま時間《じかん》を上手《じょうず》につかうためには、あらかじめ、すきま時間《じかん》にできることのリストをつくっておくといいよ。

すきま時間《じかん》にできること

- ドリル1ページ
- お茶《ちゃ》を飲《の》む
- 机《つくえ》の片《かた》づけ
- お手伝《てつだ》い
- 音読《おんどく》2ページ
- ストレッチ
- ランドセルの整理《せいり》

など

ポイント

「朝活《あさかつ》」をしてみる

朝《あさ》いつもより早《はや》く起《お》きて、何《なに》かやる「朝活《あさかつ》」もおすすめだよ。たとえば、読《よ》みたかった本《ほん》を読《よ》む、サッカーの練習《れんしゅう》をする、次《つぎ》のテストのために勉強《べんきょう》をするなど。毎日《まいにち》じゃなくて、週《しゅう》に2日《ふつか》くらいでもいいね。さわやかな1日《にち》のスタートがきれるよ。

すっきり起《お》きるためにもコツがあるよ!

目覚《めざ》まし時計《どけい》は少《すこ》し遠《とお》くに置《お》く

目覚《めざ》まし時計《どけい》をまくらもとに置《お》くと、アラームを止《と》めたあとに、ねてしまうことも。アラームを止《と》めるために、ふとんから出《で》る必要《ひつよう》があるきょりに置《お》くといいよ。

起《お》きたらすぐにカーテンを開《あ》ける

光《ひかり》をあびることで、目《め》が覚《さ》めやすくなるよ。季《き》節《せつ》によるけど、まどを開《あ》けて、ベランダに出《で》てもいいね。

時間《じかん》を
上手《じょうず》につかう
コツ④

やりたいことの優先《ゆう》順《せん》位《じゅん》を考《かんが》える

やりたいことに優先《ゆうせん》順《じゅん》位《い》をつけよう

「あれもこれもやりたい!」と思《おも》うと、何《なに》からやればいいのか、わからなくなってしまうね。また残念《ざんねん》ながら、やりたいことをすべてできる時間《じかん》が、毎日《まいにち》あるわけではないのも現実《げんじつ》。

「好《す》きなこと・やりたいこと」を、1日《にち》のスケジュールに組《く》みこむときは、まずやりたいことを分《ぶん》類《るい》して、優先順位《ゆうせんじゅんい》を考《かんが》えてみよう。

ポイント

やりたいことを3つに分類《ぶんるい》する

たくさんある「好《す》きなこと・やりたいこと」を、まずは次《つぎ》の3つに分類《ぶんるい》してみよう。

①絶対《ぜったい》にやりたいこと
②できればやりたいこと
③時間《じかん》があればやりたいこと

分類《ぶんるい》したら、①から順番《じゅんばん》にスケジュールに組《く》みこんでいくよ。

ただ、毎日同《まいにちおな》じように①のことから取《と》り組《く》んでいると、②や③に分類《ぶんるい》したことが、いつまでもできなくなってしまうかも。日《ひ》によって優先順位《ゆうせんじゅんい》を入《い》れ替《か》えるなど、工《く》夫《ふう》してみてね。

LEVEL《レベル》 UP《アップ》!

「重要度《じゅうようど》」と「緊急度《きんきゅうど》」の考《かんが》え方《かた》を知《し》っておこう！

大《おお》きくなるにつれて、「やらなければならないこと」も「やりたいこと」も増《ふ》えていくよ。

そんなときのために、下《した》の図《ず》のような「重要度《じゅうようど》」と「緊急度《きんきゅうど》」でものごとを分類《ぶんるい》する方法《ほうほう》を知《し》っておくと便利《べんり》！

優先順位《ゆうせんじゅんい》は①から④の順番《じゅんばん》に高《たか》くなるんだ。でも大切《たいせつ》なのは、①に入《はい》ることが、なるべく少《すく》なくなるようにすること。②に分類《ぶんるい》されているうちに、時間《じかん》をかけてしっかり取《と》り組《く》む習慣《しゅうかん》をつけると、毎日《まいにち》によゆうが生《う》まれるよ。

重要度《じゅうようど》が高《たか》い

緊急度《きんきゅうど》が高《たか》い

緊急度《きんきゅうど》が低《ひく》い

①急《いそ》いでいて重要《じゅうよう》なこと

例《れい》
・明日《あした》までの宿題《しゅくだい》
・歯医者《はいしゃ》に行《い》く

②急《いそ》いでいないが重要《じゅうよう》なこと

例《れい》
・来週《らいしゅう》までの宿題《しゅくだい》
・受験勉強《じゅけんべんきょう》
・大切《たいせつ》な趣味《しゅみ》

③急《いそ》いでいるが重要《じゅうよう》ではないこと

例《れい》
・ちょっとしたおつかい

④急《いそ》いでおらず重要《じゅうよう》でもないこと

例《れい》
・テレビをだらだら見《み》る

重要度《じゅうようど》が低《ひく》い

時間《じかん》を
上手《じょうず》につかう
コツ⑤

テレビや動画《どうが》、ゲームの時間《じかん》を決《き》めておく

あらかじめ時間《じかん》を決《き》めておこう

テレビや動画《どうが》、ゲームをスパッとやめるのは、難《むずか》しいよね。

でも、1日《にち》にやることはたくさんあるので、制限《せいげん》なく続《つづ》けてしまうと、時間《じかん》が足《た》りなくなるよ。

だから、スケジュールを立《た》てるとき、テレビやゲームをやる時間《じかん》を決《き》めておくことは、とても大切《たいせつ》なんだ。あらかじめ時間《じかん》を決《き》めておいて、次《つぎ》の行動《こうどう》にすんなり移《うつ》れるようにしよう。

しっかりさんは…

やる時間《じかん》をおうちの人《ひと》に宣言《せんげん》！じっさいに口《くち》に出《だ》して言《い》うと、守《まも》ろうという気持《きも》ちが強《つよ》くなるよ。

どっぷりさんは…

好《す》きな番組《ばんぐみ》やお気《き》に入《い》りのゲームには、ついつい熱中《ねっちゅう》しがち。ときどき時計《とけい》や1日《にち》のスケジュール表《ひょう》を見《み》て、時間《じかん》を確認《かくにん》しよう！

ワクワクさんは…

あれもこれもとよくばらず、ひとつにしぼろう。テレビ番組《ばんぐみ》であれば、録画《ろくが》しておくのもいいね。

しんちょうさんは…

決《き》めた時間《じかん》はしっかり守《まも》るしんちょうさん。気《き》になる番組《ばんぐみ》やゲームがあったら、ときには時間《じかん》を長《なが》くとって熱中《ねっちゅう》してもOK《オーケー》。

ポイント

自分《じぶん》で時間《じかん》を考《かんが》える

1日《にち》の時間《じかん》のつかい方《かた》は自《じ》分《ぶん》で決《き》めることが大切《たいせつ》なので、テレビや動画《どうが》をどのくらい見《み》るか、ゲームをどのくらいやるかも、まずは自分《じぶん》で考《かんが》えよう。おうちのルールもあるから、考《かんが》えたあとは、おうちの人《ひと》に相談《そうだん》してね。

ポイント

おうちの人《ひと》に宣言《せんげん》する

時間《じかん》を決《き》めたら、おうちの人《ひと》に宣言《せんげん》したり、紙《かみ》に書《か》いて見《み》えるところにはっておくといいね。やる気《き》がアップするよ。

ポイント

録画《ろくが》する

時間《じかん》がないときは、見《み》たい番組《ばんぐみ》は録画《ろくが》する手《て》もあるよ。録画《ろくが》した番組《ばんぐみ》を見《み》る時間《じかん》は、休日《きゅうじつ》など時間《じかん》のある日《ひ》の予定《よてい》に組《く》みこもう。

ポイント

たくさんできる日《ひ》をつくる

自分《じぶん》へのごほうびとして、たくさんできる日《ひ》をつくるのもおすすめ。ふだんは1時間《じかん》だけど、「土曜日《どようび》は、3時間《じかん》できる！」と思《おも》うと、決《き》めた時間《じかん》を守《まも》ろうとする気持《きも》ちが強《つよ》くなるよ。

時間《じかん》を上手《じょうず》につかうコツ⑥

集中《しゅう》中《ちゅう》して取《と》り組《く》む

集中力《しゅうちゅうりょく》があればささっと終《お》わる!

やらなければならないことをやるとき、集中力《しゅうちゅうりょく》が高《たか》いほうが早《はや》く終《お》わるよ。スケジュール通《どお》りに進《すす》めるには、集中力《しゅうちゅうりょく》も大事《だいじ》なんだ。集中力《しゅうちゅうりょく》を高《たか》めるための、いくつかのポイントを紹介《しょうかい》するよ!

ポイント

言《い》われる前《まえ》にやる

自分《じぶん》の「やる気《き》=モチベーション」が高《たか》いときのほうが、集中力《しゅうちゅうりょく》も高《たか》まるんだ。

おうちの人《ひと》から「早《はや》くやりなさい!」と言《い》われて、ぎゃくにやる気《き》がなくなってしまったことが、きみにもあるんじゃないかな?

やる気《き》がなくなると、集中力《しゅうちゅうりょく》も落《お》ちてしまうよ。やらなければならないことは、自分《じぶん》でしっかりと時間《じかん》を決《き》めて、人《ひと》に言《い》われる前《まえ》に取《と》り組《く》むことを心《こころ》がけよう。

ポイント

楽《たの》しみを用意《ようい》する

1日《にち》のスケジュールを立《た》てるとき、勉強《べんきょう》のあとに好《す》きなことややりたいことをやる時間《じかん》を入《い》れておこう。「このあとに〇〇する時間《じかん》がある！」と、はげみになるよ。

好《す》きなことを
やったあとは
苦手《にがて》なことも
はりきってできるから
好《す》きなことを先《さき》に
やるのでもOK《オーケー》！
でも自分《じぶん》との
約束《やくそく》は守《まも》ろうね

ポイント

今《いま》やることだけを考《かんが》える

次《つぎ》にやることが頭《あたま》をよぎると、集中力《しゅうちゅうりょく》が落《お》ちてしまいがち。スケジュールを決《き》めたら、時間《じかん》は確保《かくほ》できているから大丈夫《だいじょうぶ》。今《いま》、目《め》の前《まえ》のことに集中《しゅうちゅう》しよう。

集《しゅう》中《ちゅう》!!

ポイント

机《つくえ》のまわりを片《かた》づける

よけいなものが目《め》に入《はい》ると、気《き》が散《ち》ってしまうよ。机《つくえ》の上《うえ》や、目《め》に入《はい》るところには、今必要《いまひつよう》ないものは置《お》かないようにしよう。音《おと》が気《き》になるときは、耳《みみ》せんをつかう手《て》もあるよ。

ヨシ!!

Step《ステップ》 4

理想《りそう》のスケジュールをつくってみよう

コツを参考《さんこう》にスケジュールをつくろう

ここまで見《み》てきた「時間《じかん》を上手《じょうず》につかうコツ」（36〜47ページ）を意識《いしき》して、きみが心地《ここち》よくすごせる理想《りそう》の1日《にち》を円《えん》グラフにしてみよう。

「生活《せいかつ》に必要《ひつよう》なこと」→「やらなければならないこと」→「好《す》きなこと・やりたいこと」の順《じゅん》に書《か》き入《い》れて、色分《いろわ》けするやり方《かた》が簡単《かんたん》だよ。

しっかりさんは…

やりたいことがたくさんあっても、すいみん時間《じかん》を減《へ》らすのは絶対《ぜったい》にダメだよ。やりきれなかったことは、時間《じかん》のある日《ひ》や休《やす》みの日《ひ》に回《まわ》すことを心《こころ》がけよう。

ワクワクさんは…

楽《たの》しいことにさっと飛《と》びつきたいきみ。自由時間《じゆうじかん》にすることはこまかく決《き》めず、「遊《あそ》び」とだけ書《か》いておいて、そのときの気分《きぶん》で自《じ》由《ゆう》に動《うご》けるようにするといいよ。

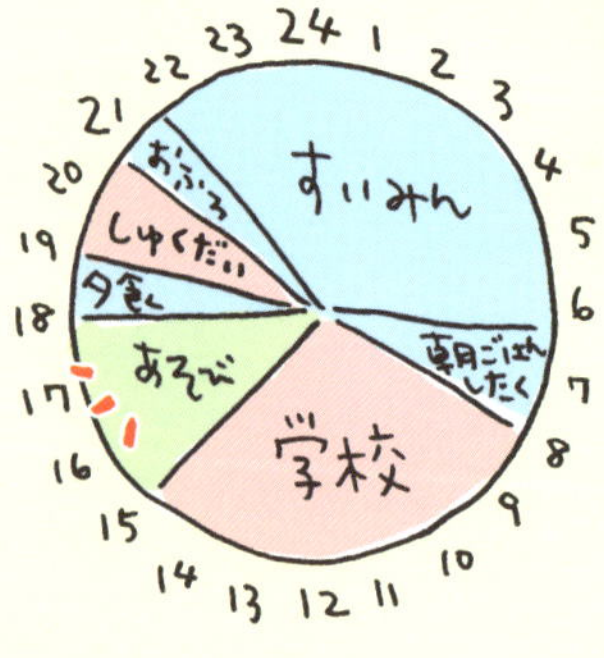

1日《にち》におさまらなくても大丈夫《だいじょうぶ》

やりたいことが円《えん》グラフに入《はい》りきらないときは、42ページの優先《ゆうせん》順位《じゅんい》のつけ方《かた》を参考《さんこう》にしよう。

1日《にち》ですべてできなくても大丈夫《だいじょうぶ》。塾《じゅく》や習《なら》いごとがない日《ひ》や、休日《きゅうじつ》など、時間《じかん》のある日《ひ》にまわす手《て》もあるね。

好《す》きなことを
する時間《じかん》は
毎日少《まいにちすこ》しでもいいので
とるようにしよう！

どっぷりさんは…

生活《せいかつ》に必要《ひつよう》なこと、やらなければならないことを書《か》きこむと、好《す》きなことをやる時間《じかん》が少《すく》ないと感《かん》じてしまうかも。別《べつ》の日《ひ》や週末《しゅうまつ》に、多《おお》めに時間《じかん》をとることも考《かんが》えるようにしよう。

しんちょうさんは…

あまり細《こま》かく決《き》めてしまうと、とつぜんのできごとが起《お》こったときに、対応《たいおう》できなくなってしまうよ。時間《じかん》によゆうをもったスケジュールを組《く》もうね。

Step《ステップ》 5

さあ、実行《じっこう》！ できたら自分《じぶん》にごほうびを

目《め》に見《み》える形《かたち》で「できた！」を残《のこ》そう

理想《りそう》のスケジュールをつくって、それを実行《じっこう》できたら、目《め》に見《み》える形《かたち》で「できた！」証《あかし》を残《のこ》すようにしよう。

「できた！」が積《つ》み重《かさ》なると、はげみになったり、自信《じしん》につながったりするよ。さらにおうちの人《ひと》と共有《きょうゆう》することで、みんながおうえんしてくれるはず！

たとえば

カレンダーにシールをはる

スケジュール通《どお》りに実行《じっこう》できた日《ひ》は、カレンダーにお気《き》に入《い》りのシールをはっていこう。

000年
5月

今日《きょう》はすごく上手《じょうず》に時間《じかん》をつかえた気《き》がする！
そういう日《ひ》のことを覚《おぼ》えておくとどんどん時間《じかん》のつかい方《かた》が上手《じょうず》になるよ！

たとえば

木《き》の絵《え》をかいてシールをはる

下《した》のような木《き》の絵《え》をかいて、スケジュール通《どお》りにできた日《ひ》は、花《はな》の形《かたち》のシールをはったり、花《はな》の絵《え》をかいたりしよう。

実行《じっこう》できればできるほど、花《はな》が多《おお》くさいて、木《き》が育《そだ》っていくよ。

木《き》は1か月《げつ》ごとに新《あたら》しくして、数《すう》か月分《げつぶん》を並《なら》べて比《くら》べてみよう。

下《した》の絵《え》に
シールをはって
自分《じぶん》だけの木《き》を
育《そだ》てよう！

時間《じかん》のつかい方《かた》

Q《キュー》&《アンド》A《エー》

Q《キュー》

スケジュールを守《まも》れる気《き》がしません…

A《エー》

まずはスケジュール表《ひょう》や時計《とけい》を見《み》るクセをつけよう

　最初《さいしょ》から完《かん》ぺきにできる人《ひと》は少《すく》ないよ。だから、全部《ぜんぶ》を守《まも》れなくても大丈夫《だいじょうぶ》。まずは、つくったスケジュール表《ひょう》や時計《とけい》を、ときどき見《み》るクセをつけるといいね。

　また、スケジュールが守《まも》れた日《ひ》は、カレンダーにシールをはるなど、結果《けっか》が目《め》に見《み》えるようにすると、はげみになるよ。

Q《キュー》

スケジュール表《ひょう》があると きゅうくつに 感《かん》じてしまいます

A《エー》

自《じ》由《ゆう》時《じ》間《かん》は 好《す》きに動《うご》こう

自《じ》由《ゆう》に動《うご》けなくなると、プレッシャーを感《かん》じるかな。でも、宿《しゅく》題《だい》などのやらなくてはいけないことは、あるていど時《じ》間《かん》を決《き》めておいたほうが、効《こう》率《りつ》よく進《すす》められるよ。

スケジュールが苦《にが》手《て》な人《ひと》は、自《じ》由《ゆう》時《じ》間《かん》の中《なか》身《み》は決《き》めなくてOK《オーケー》。その時《じ》間《かん》は好《す》きなように動《うご》こう！

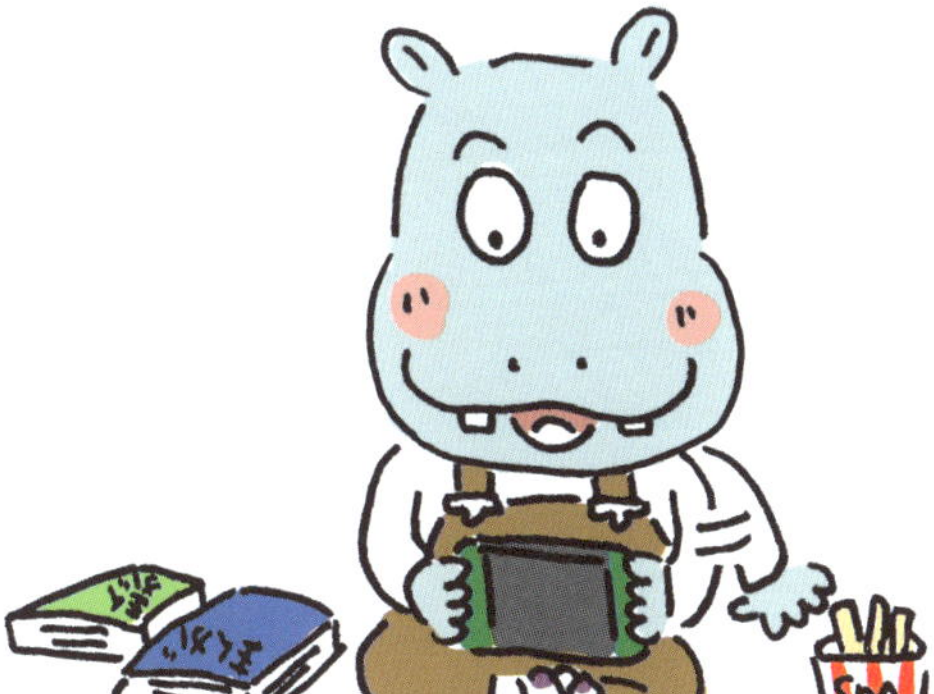

Step《ステップ》 6

1週《しゅう》間《かん》のスケジュールをつくろう

1日《にち》のスケジュールをつくって
生活《せいかつ》するようになって
何《なに》か変《か》わったかな？

宿題《しゅくだい》やお手伝《てつだ》いを
集中《しゅうちゅう》してできる
ようになった！

ごはんのあと
好《す》きなことができる
時間《じかん》があると
わかっていると
宿題《しゅくだい》もさっさとできるよ

でも やっぱり
時間《じかん》が
足《た》りなーい！

塾《じゅく》のない日《ひ》は？
その日《ひ》に多《おお》めにやれば
いいんじゃない？

そうそう。つかえる時間《じかん》は 用事《ようじ》が
ある日《ひ》とない日《ひ》で差《さ》があるよね。
だからスケジュールは ひとつではなく
いくつかのパターンをつくることが大切《たいせつ》！
そうすれば いつ どのくらい
自由時間《じゆうじかん》があるかがひとめでわかって
計画《けいかく》を立《た》てやすくなるよ！

1 円《えん》グラフを書《か》く

1週間分《しゅうかんぶん》の円《えん》グラフを書《か》いてみよう。塾《じゅく》や習《なら》いごとなど、同《おな》じ予定《よてい》がある日《ひ》は、同《おな》じ円《えん》グラフをコピーしてね。このとき、好《す》きなことができる時間《じかん》は、色《いろ》だけぬって、何《なに》も書《か》かなくていいよ。

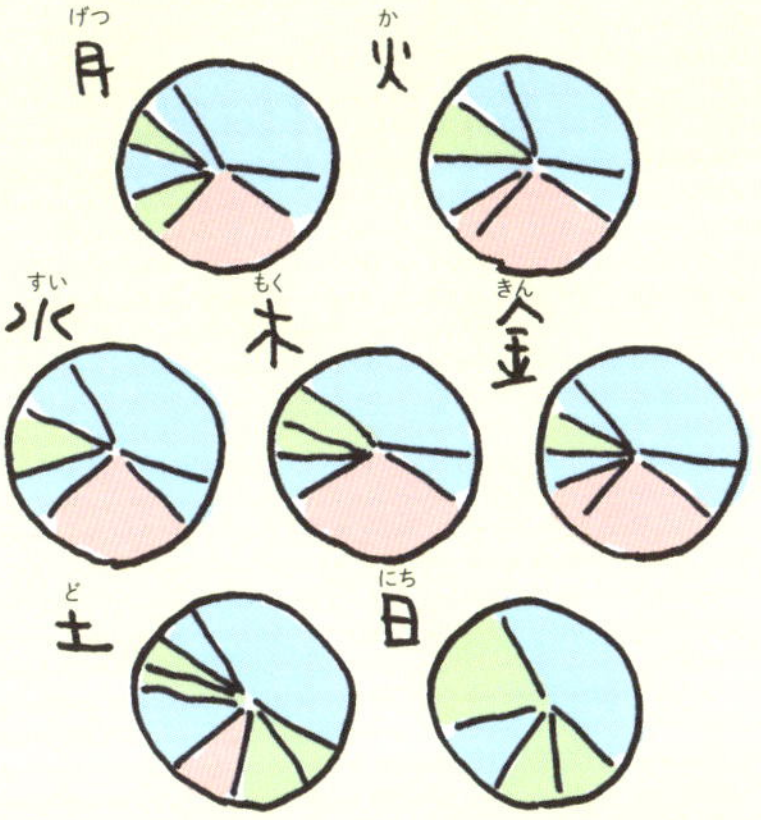

2 自由時間《じゆうじかん》を確認《かくにん》する

1週間分《しゅうかんぶん》の円《えん》グラフを並《なら》べ、自由《じゆう》につかえる時間《じかん》がどこに、どのくらいあるのか確認《かくにん》しよう。「意外《いがい》と時間《じかん》がある！」と気《き》づくだけでOK《オーケー》！

3 自由時間《じゆうじかん》にやることを書《か》く

よゆうのある人《ひと》は、自由《じゆう》につかえる時間《じかん》に、いつ、何《なに》をやるかを決《き》めて、円《えん》グラフに書《か》きこもう。

時間《じかん》の見《み》える化《か》でストレスから解放《かいほう》！

好《す》きなことができる時間《じかん》が1週間分《しゅうかんぶん》見《み》えると、「意外《いがい》と時間《じかん》がある！」と気《き》づき、「好《す》きなことをやる時間《じかん》がない」というストレスから解放《かいほう》されるよ。

見通《みとお》しが立《た》つとバランスもとれる！

好《す》きなことができる時間《じかん》がいつ、どのくらいあるかがわかっていると、それぞれの時間《じかん》にやることを、バランスよく考《かんが》えることができるようになるよ。

しっかりさん

予定《よてい》を入《い》れない日《ひ》をつくろう

自由《じゆう》につかえる時間《じかん》に、予定《よてい》をめいっぱい入《い》れがちなしっかりさん。でも、何《なに》も予定《よてい》を入《い》れない時間《じかん》をつくることも大切《たいせつ》だよ。

たとえば、「水曜日《すいようび》の自由時間《じゆうじかん》には、何《なに》も予定《よてい》を入《い》れない。その日《ひ》に考《かんが》える」などと決《き》めておくと、あふれた予定《よてい》を調整《ちょうせい》する時間《じかん》としてつかえるよ。

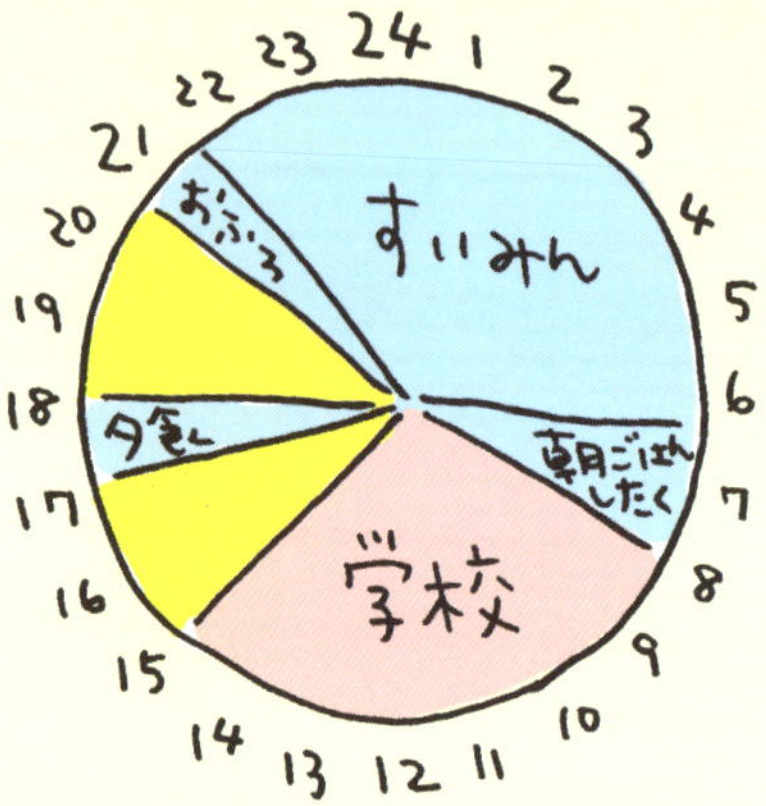

ワクワクさん

自由時間《じゆうじかん》の量《りょう》を知《し》っておこう

予定《よてい》を決《き》めることをきゅうくつに感《かん》じるかもしれないけど、自由時間《じゆうじかん》が1週間《しゅうかん》にどのくらいあるか知《し》っておいたほうが、「時間《じかん》がない!」というストレスから解放《かいほう》されるよ。

「このくらいある」とわかっていると、その時間《じかん》に何《なに》ができそうか、考《かんが》えやすくなるね。

どっぷりさん

自《じ》由《ゆう》時《じ》間《かん》をまとめてとる日《ひ》をつくろう

　ワクワクさんと同《おな》じように、予定《よてい》を決《き》めることがストレスになるなら、自由時間《じゆうじかん》にやることまでは決《き》めなくてOK《オーケー》。

　好《す》きなことにとことん熱中《ねっちゅう》したいときは、やらなければならないことを続《つづ》けてやって、1日《にち》の自由《じゆう》時間《じかん》をまとめてとる日《ひ》をつくるといいね。

しんちょうさん

自《じ》由《ゆう》時《じ》間《かん》にやることは、その日《ひ》に決《き》める

　予定《よてい》が決《き》まっていたほうが安《あん》心《しん》なしんちょうさん。でも、あまり細《こま》かく決《き》めると、つかれちゃうこともあるね。

　計画《けいかく》を立《た》てるのは上手《じょうず》なので、じゅうなんに対応《たいおう》できるようになると、こわいものなし！　ときどきは、予定《よてい》を決《き》めない自由時間《じゆうじかん》をつくってみよう。

COLUMN《コラム》

1か月《げつ》の予定《よてい》を立《た》ててみよう

先《さき》の予定《よてい》が見《み》えると、ワクワクするよね。今度《こんど》は、もう少《すこ》し長《なが》い期間《きかん》…
1か月《げつ》の予定《よてい》をカレンダーや手帳《てちょう》に書《か》き出《だ》してみよう!

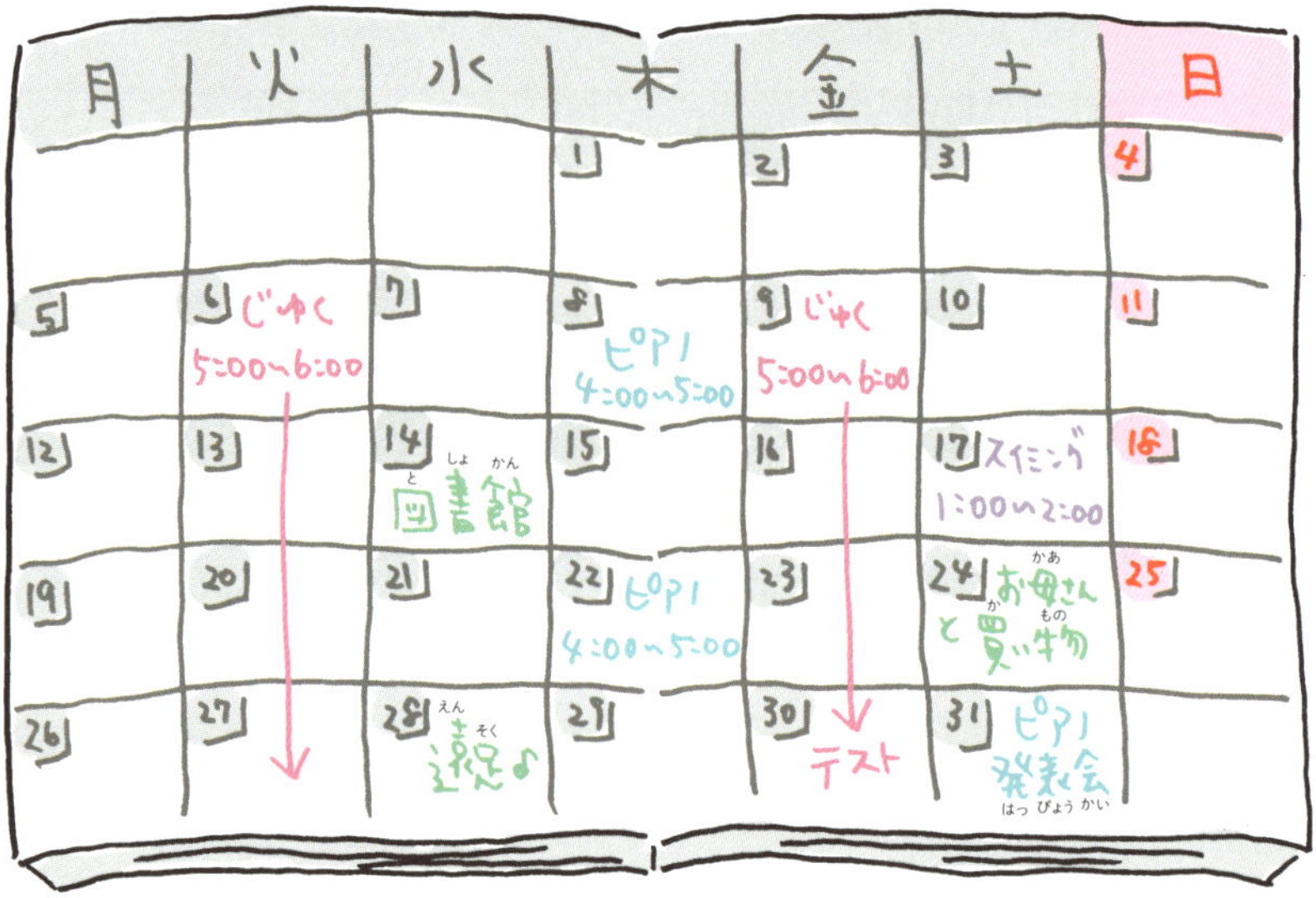
月
火
水
木
金
土
日
1
2
3
4
5
6 じゅく
5:00〜6:00
7
8 ピアノ
4:00〜5:00
9 じゅく
5:00〜6:00
10
11
12
13
14 図書館《としょかん》
15
16
17 スイミング
1:00〜2:00
18
19
20
21
22 ピアノ
4:00〜5:00
23
24 お母《かあ》さんと買《か》い物《もの》
25
26
27
28 遠足《えんそく》♪
29
30 テスト
31 ピアノ発表会《はっぴょうかい》

楽《たの》しいイベントがもっと楽《たの》しく!

遠足《えんそく》や買《か》いものなどのイベントを書《か》き出《だ》しておくと、毎日《まいにち》近《ちか》づいてくることが実感《じっかん》できて、よりワクワクするかも! 楽《たの》しみな予定《よてい》があればちょっと苦手《にがて》なこともがんばれるね。

イベントの準備《じゅんび》が計画的《けいかくてき》にできる

ピアノの発表会《はっぴょうかい》やサッカーの試合《しあい》などは、事前《じぜん》の準備《じゅんび》が大切《たいせつ》になるね。カレンダーや手帳《てちょう》に書《か》いて確認《かくにん》すると、この週《しゅう》は何《なに》をして、次《つぎ》の週《しゅう》は何《なに》をする、などの計画《けいかく》が立《た》てやすくなるよ。

Part《パート》 3

毎《まい》日《にち》の上手《じょうず》な時《じ》間《かん》のつかい方《かた》

こまった 1

平日《へいじつ》の朝《あさ》、いつもバタバタしちゃいます

朝《あさ》は みんないそがしいよね。 でも それって なんでかな？
やることが 多《おお》いから
起《お》きるのが おそいから…
じゃあ どうすれば いいと思《おも》う？
やることの数《かず》を へらす？
早起《はやお》きする？ できないけど…
きみの場合《ばあい》は どうかな？

しっかりさん

つかえる時間《じかん》を知《し》って、できる分《ぶん》だけやろう

朝《あさ》やることをつめこみすぎていないかな。まず、朝起《あさお》きてから家《いえ》を出《で》るまで、どのくらい時間《じかん》があるか書《か》いてみよう（A《エー》）。次《つぎ》に着《き》がえや朝食《ちょうしょく》など、朝《あさ》やることにそれぞれ何分《なんぷん》かかるのか書《か》き出《だ》すよ（B《ビー》）。A《エー》の時間《じかん》よりB《ビー》のほうが多《おお》いと、時間《じかん》が足《た》りないことになるよ。時間内《じかんない》におさめられるよう、やることをしぼろう。

　また、ね不足《ぶそく》だと、頭《あたま》がぼーっとして、したくに時間《じかん》がかかってしまうかも。すいみん時間《じかん》が足《た》りているかも、ふり返《かえ》ってみよう。

ワクワクさん

時計《とけい》を見《み》ながら動《うご》こう

朝《あさ》は目《め》の前《まえ》のやりたいことに飛《と》びつくのは、禁止《きんし》しよう。計画《けいかく》にそって動《うご》くと心《こころ》に決《き》めて、時計《とけい》を見《み》ながら動《うご》くようにすると、したくがスムーズになるよ。

気《き》になることやりたいことがひらめいたら、メモしておいて、あとでやろうね。

どっぷりさん

やることを決《き》めて順《じゅん》に進《すす》めよう

朝《あさ》にやることはあらかじめ決《き》めておき、それを毎朝《まいあさ》のルーティンにしよう。たとえば、起《お》きたら着《き》がえをして、次《つぎ》に朝《あさ》ごはんを食《た》べ、そのあと歯《は》をみがく、といったぐあいだよ。

また朝《あさ》だけでもいいので、時計《とけい》を見《み》ながら動《うご》く習慣《しゅうかん》をつけよう！

しんちょうさん

時間《じかん》によゆうをもとう

計画《けいかく》にそってやるのは得意《とくい》だから、「朝《あさ》、時間《じかん》がない！」というなやみは、少《すく》ないかもしれないね。ただ、何《なに》かハプニングが起《お》こると、あせって、できるはずのことまでできなくなってしまうかも。少《すこ》しよゆうのある計画《けいかく》を立《た》てておこう。

こまった 2

宿題《しゅくだい》をしようと思《おも》っても、つい ほかのことを始《はじ》めてしまいます

ほかのことが気《き》になって
つい宿題《しゅくだい》を
あと回《まわ》しにしてしまう
ことってあるよね
あるある!
宿題《しゅくだい》やる自分《じぶん》と
遊《あそ》ぶ自分《じぶん》に
分身《ぶんしん》したい!
どうしたら
宿題《しゅくだい》に集中《しゅうちゅう》
できると思《おも》う?
宿題《しゅくだい》をやるまで
遊《あそ》びに
行《い》かない…
宿題《しゅくだい》はあとで
やるんじゃ
ダメ…?
どんな工夫《くふう》が
できるかな?

ワクワクさん

まわりの人《ひと》に宣言《せんげん》してみよう

目《め》の前《まえ》に楽《たの》しいことがあると、宿題《しゅくだい》をあと回《まわ》しにしてでも、やりたくなってしまうよね。そんなゆうわくに負《ま》けないために、宿題《しゅくだい》をやる時間《じかん》を先《さき》に決《き》めて、おうちの人《ひと》に宣言《せんげん》しよう。ゲームみたいで、ワクワクしながら取《と》り組《く》めるよ。

宿題《しゅくだい》に集中《しゅうちゅう》するためには、まんがやゲームなどを見《み》えないところにかくす、図書館《としょかん》に行《い》く、などの方法《ほうほう》もおすすめ。

さらに、宿題《しゅくだい》を終《お》えたらおかしを食《た》べるなど、プチごほうびを用《よう》意《い》してもいいね。

4時《じ》から宿題《しゅくだい》やりますっ!!
おおおっ!!!
パチパチ

宿題《しゅくだい》と遊《あそ》びはどちらを先《さき》にやってもOK《オーケー》!

宿題《しゅくだい》と遊《あそ》びの順番《じゅんばん》は、時《とき》と場合《ばあい》によって決《き》めよう。たとえば、冬《ふゆ》の間《あいだ》は日《ひ》が早《はや》く暮《く》れるので、先《さき》に遊《あそ》んで、家《いえ》に帰《かえ》ってから宿題《しゅくだい》をしてもいいね。宿題《しゅくだい》をやる時間《じかん》さえ決《き》めておけば、どちらが先《さき》でも問題《もんだい》ないよ。

しっかりさん

時間《じかん》を区切《くぎ》って取《と》り組《く》もう

とちゅうで遊《あそ》びや好《す》きなことをやっても、最後《さいご》にはかならず宿題《しゅくだい》をやりきるしっかりさん。その分《ぶん》、ねる時間《じかん》がおそくなってしまっていないかな？

今日《きょう》やりたいことと、やるべきことを確認《かくにん》して、時間《じかん》を区切《くぎ》って取《と》り組《く》もう！

どっぷりさん

楽《たの》しみはあとに宿題《しゅくだい》を先《さき》に！

好《す》きなことを始《はじ》めると、つい時《じ》間《かん》を忘《わす》れて熱中《ねっちゅう》してしまうから、どちらかというと、宿題《しゅくだい》を先《さき》にやるスケジュールがおすすめ。「好《す》きなものは最後《さいご》に食《た》べる」のと同《おな》じ作戦《さくせん》だよ。宿題《しゅくだい》を終《お》えたあとなら、大好《だいす》きなことにも、心置《こころお》きなく熱中《ねっちゅう》できるはず！

しんちょうさん

気《き》になることはメモしておこう

スケジュールを守《まも》るのはとくいなしんちょうさん。とちゅうでほかのことを始《はじ》めてしまうのは、そのことが気《き》になっているからでは？ 気《き》になることはメモなどに書《か》き出《だ》して、宿題《しゅくだい》が終《お》わってから確認《かくにん》しよう。それだけで、目《め》の前《まえ》のことに集中《しゅうちゅう》できるはずだよ。

こまった 3

学校《がっこう》が終《お》わってから ねるまでの時間《じかん》が足《た》りません

学校《がっこう》が終《お》わってからねるまでの時間《じかん》は足《た》りているかな？
足《た》りません！
いつもあっという間《ま》にばんごはん…
そもそも毎日《まいにち》やりたいことを全部《ぜんぶ》やるのは難《むずか》しいのかもね…
そんなあ…
時間《じかん》を増《ふ》やせればいいのにね…
どういうふうに考《かんが》えればいいかな？

しっかりさん

やっていることをすべて書《か》き出《だ》して整理《せいり》しよう

学校《がっこう》が終《お》わってから、ねるまでにやっていることを、一度《いちど》すべて書《か》き出《だ》してみよう。自分《じぶん》の目《め》でじっくり見《み》て、本当《ほんとう》にやるべきこと、やりたいことを整理《せいり》してみるといいね。

どれもけずれない！　というときは、「本当《ほんとう》に今日《きょう》じゃなきゃダメ？」と考《かんが》えてみよう。ねるまでにつかえる時間《じかん》は、日《ひ》によってちがうよね。塾《じゅく》や習《なら》いごとがなく、よゆうのある日《ひ》を見《み》つけて、その日《ひ》に多《おお》めにやるといいね。

ワクワクさん

リストの最初《さいしょ》のひとつをやろう

やりたいことリストをつくって、やりたいことの順番《じゅんばん》をつけてみよう。そしてまずは1番《ばん》めにやりたいことをやる。そのあと時間《じかん》があったら、2番《ばん》めにやりたいことをやろう。

1日《にち》はだれでも24時間《じかん》。時計《とけい》を見《み》ながら、やれる分《ぶん》だけやろうね。

どっぷりさん

ふだんの日《ひ》は計画的《けいかくてき》に動《うご》こう

好《す》きなことに熱中《ねっちゅう》すると、時間《じかん》はどうしても足《た》りなくなってしまうね。でも、毎日《まいにち》好《す》きなことを好《す》きなだけやるのは難《むずか》しいよ。やりたいことをたっぷりできる日《ひ》を決《き》めておいて、学校《がっこう》がある日《ひ》は、できるだけ、計画通《けいかくどお》りに動《うご》くように練習《れんしゅう》してみよう。

終《お》わりの時間《じかん》を決《き》めて
その時間《じかん》でやめる習慣《しゅうかん》を
つけられるといいね

しんちょうさん

できたことをみとめよう！

自分《じぶん》にきびしいしんちょうさん。あれもこれもとよくばると、どうしても時間《じかん》は足《た》りなくなってしまうね。やるべきことをやったら、まずは自分《じぶん》にOK《オーケー》を出《だ》そう。やったことを書《か》き出《だ》す、できたらシールをはるなど、できたことが見《み》えるようにすると、自信《じしん》もつくよ。

\OK《オーケー》/
\OK《オーケー》/
ドリル

こまった 4

友《とも》だちとの約束《やくそく》に よくちこくしてしまいます

約束《やくそく》の時間《じかん》に おくれるのは どうして ダメなんだと思《おも》う？
心配《しんぱい》を かけるから？
相手《あいて》を 待《ま》たせちゃう から
そう 約束《やくそく》におくれることは 相手《あいて》の時間《じかん》をうばう ことでもあるんだよ
自分《じぶん》だけの 問題《もんだい》じゃ ないんだね
めいわくは かけたくない…
おくれないために 何《なに》ができるかな？

どっぷりさん

おうちの人《ひと》に声《こえ》をかけてもらおう

熱中《ねっちゅう》すると、時間《じかん》をすっかり忘《わす》れてしまうことがあるよね。おくれないためには、おうちの人《ひと》に声《こえ》をかけてもらったり、出発《しゅっぱつ》する時《じ》間《かん》を紙《かみ》に書《か》いて、見《み》えるところにはっておいたりするといいよ。ひとりのときであれば、出発《しゅっぱつ》の30分《ぷん》前《まえ》や、10分前《ぷんまえ》に、目覚《めざ》まし時計《どけい》やタイマーをかけておくと◎。

また、約束《やくそく》がある日《ひ》は、あまり夢中《むちゅう》になることは、やらないと決《き》める手《て》もあるよ。いろいろなやり方《かた》を試《ため》してみてね。

相手《あいて》のことも考《かんが》えよう!

時間《じかん》におくれるということは、自分《じぶん》だけの問題《もんだい》じゃなくて、相《あい》手《て》にめいわくをかけることだよ。たとえ悪気《わるぎ》がなくても、待《ま》たされたほうはムッとするだろうし、きみのことを心配《しんぱい》しているかも。相手《あいて》の気持《きも》ちになって、考《かんが》えるようにしよう!

しっかりさん

とちゅうでも出発《しゅっぱつ》しよう

やることがたくさんあって、つい出《で》おくれてしまうことがあるね。でも、待《ま》たせているお友《とも》だちにも、やることはたくさんあるはず。やっていることがとちゅうであっても、時間《じかん》になったら中断《ちゅうだん》して出発《しゅっぱつ》しよう。約束《やくそく》より5～10分《ぷん》、早《はや》く着《つ》くように行動《こうどう》すると安心《あんしん》だよ。

ワクワクさん

時計《とけい》を見《み》て時間《じかん》を確認《かくにん》！

楽《たの》しいことをしていると、あっという間《ま》に時間《じかん》がたってしまうよね。別《べつ》の遊《あそ》びをしていて、次《つぎ》にだれかと待《ま》ち合《あ》わせをしているときは、こまめに時計《とけい》を見《み》るように心《こころ》がけよう。おうちにいる場合《ばあい》は、おうちの人《ひと》にたのんで、声《こえ》をかけてもらってもいいね。

時間《じかん》におくれる人《ひと》を「時間《じかん》どろぼう」と呼《よ》ぶことも…。相手《あいて》の時間《じかん》を大切《たいせつ》にしよう！

しんちょうさん

待《ま》ち合《あ》わせのルールを決《き》めよう

きみはどちらかというと、相手《あいて》を待《ま》つタイプだね。いつも待《ま》っていると、ストレスがたまるよね。「○時《じ》まで来《こ》なかったら帰《かえ》る」と、友《とも》だちとルールを決《き》めておくのがおすすめだよ。また、「きみが無理《むり》なく来《こ》られる時間《じかん》に待《ま》ち合《あ》わせよう」と提案《ていあん》するのもいいね。

3時半《じはん》まで来《こ》なかったら帰《かえ》るね
わかった！

こまった5

しょっちゅう忘《わす》れものをしてしまいます

どうして
忘《わす》れものを
しちゃうんだろうね？
そのときは
覚《おぼ》えてるん
だけど…
メモしても
それを見《み》るのを
忘《わす》れちゃう
こともあるよ
じゃあ
忘《わす》れないためには
どうすればいいと
思《おも》う？
家《いえ》に帰《かえ》ったら
すぐにお母《かあ》さんに
話《はな》す
手《て》に
メモしちゃう!?
きみはどんな
工夫《くふう》をしている？

ワクワクさん

その場《ば》でメモをとり家《いえ》に帰《かえ》ったらすぐに確《かく》認《にん》しよう

忘《わす》れものをすると、予《よ》定《てい》していたことができなくなって、先《せん》生《せい》やお友《とも》だちにめいわくをかけてしまうよ。

学《がっ》校《こう》で何《なに》かを準《じゅん》備《び》するように言《い》われたら、すぐにメモをとる習《しゅう》慣《かん》をつけよう。そのときは覚《おぼ》えていても、時《じ》間《かん》がたつとだれでも忘《わす》れてしまうからね。そして家《いえ》に帰《かえ》ったら、すぐにそのメモを見《み》よう。

玄《げん》関《かん》のドアに持《も》ちものリストをはるのもおすすめ。家《いえ》を出《で》る前《まえ》に気《き》づくことができるよ。

必《かなら》ず おうちの人《ひと》に 伝《つた》えよう!

持《も》ちものには、ひとりで用《よう》意《い》できないものもあるから、必《かなら》ずおうちの人《ひと》に伝《つた》えるようにしよう。たとえば、工《こう》作《さく》で牛《ぎゅう》にゅうパックをつかう場《ば》合《あい》、その日《ひ》の朝《あさ》に伝《つた》えても、すぐに用《よう》意《い》できないよね。また、学《がっ》校《こう》で配《くば》られたプリントは、連《れん》らくぶくろに入《い》れるなど、自《じ》分《ぶん》なりのルールを決《き》めておくと、見《み》せるのを忘《わす》れることもなくなるよ。

しっかりさん

前日《ぜんじつ》に用意《ようい》して玄関《げんかん》に置《お》く

やることがたくさんあったり、バタバタしたりして、ついうっかり忘《わす》れものをしてしまうことがあるね。準備《じゅんび》しなければならないものはメモをとって、見《み》える場所《ばしょ》にはっておこう。前日《ぜんじつ》に用意《ようい》して、玄関《げんかん》に置《お》いておけば、あわてていても、忘《わす》れることがなくなるよ。

どっぷりさん

準備《じゅんび》をしてから楽《たの》しもう

何《なに》かに熱中《ねっちゅう》していると、準備《じゅんび》するものを書《か》いたメモを見《み》ることも忘《わす》れてしまうよね。

家《いえ》に帰《かえ》ったらまっさきに準備《じゅんび》するというルールを、自分《じぶん》で決《き》めてしまうといいよ。好《す》きなことは、準備《じゅんび》を終《お》わらせたあとに、じっくり楽《たの》しもう！

しんちょうさん

まわりの人《ひと》に伝《つた》えよう

忘《わす》れものをすることは、少《すく》ないきみ。その分《ぶん》、忘《わす》れものをしたときは、あわててしまうよね。

忘《わす》れたときに大切《たいせつ》なのは、かくさず、先生《せんせい》やお友《とも》だちに伝《つた》えること。きっと力《ちから》になってくれるよ。ひとりでかかえこんだり、必要《ひつよう》以《い》上《じょう》に不安《ふあん》になったりしないでね。

こまった 6

やることがあるのに ぼんやりしちゃいます

みんなは ぼーっとしちゃうこと あるかな？
ねむいなーって 思《おも》うことが あるよ
「電池《でんち》が 切《き》れたみたい」 って言《い》われる ことがある
ぼーっとしちゃうのは 体《からだ》や心《こころ》がつかれている サインなんだよ
そんなに つかれてるの かな？
まだまだ やりたいことは あるのにー！
ときには休《やす》む ことも大切《たいせつ》だよ！

しんちょうさん

ちょっとした気分転《きぶんてん》かんでリフレッシュ！

やらなければならないことがあるのにぼーっとしてしまうときは、じつはつかれていたり、ね不足《ぶそく》だったりすることがあるよ。

そんなときは、トイレに行《い》ったり、お庭《にわ》やベランダに出《で》てのびをしたり、気分転《きぶんてん》かんをしよう。自転車《じてんしゃ》でおうちのまわりを走《はし》るのもいいね。

勉強《べんきょう》をしているときは、ときどき体《からだ》を起《お》こして、遠《とお》くをながめるのも◎。ねむいときは、10分《ぷん》くらい仮眠《かみん》をとるのもおすすめだよ。

しっかりさん

次《つぎ》の行動《こうどう》の前《まえ》に ひと息《いき》いれよう

動《うご》きっぱなしのことが多《おお》いしっかりさん。でもそれが続《つづ》くと、自《じ》分《ぶん》では気《き》づかなくても、脳《のう》や体《からだ》がつかれていることも。

次《つぎ》の行動《こうどう》に移《うつ》る前《まえ》に、ひと息《いき》いれることを心《こころ》がけよう。その場《ば》でのびをしたり、深呼吸《しんこきゅう》したり。温《あたた》かいお茶《ちゃ》を飲《の》むのもいいね。

ワクワクさん

体《からだ》をしっかり 休《やす》めよう

楽《たの》しいことに夢中《むちゅう》になり、ねるのがおそくなっていないかな。つかれると、集中力《しゅうちゅうりょく》がプチッと切《き》れてしまうから、仮眠《かみん》をとったり、早《はや》くふとんに入《はい》ったりしよう。そんな日《ひ》のために「やるべきことは先《さき》にやる」ことを、ふだんから心《こころ》がけておくといいね。

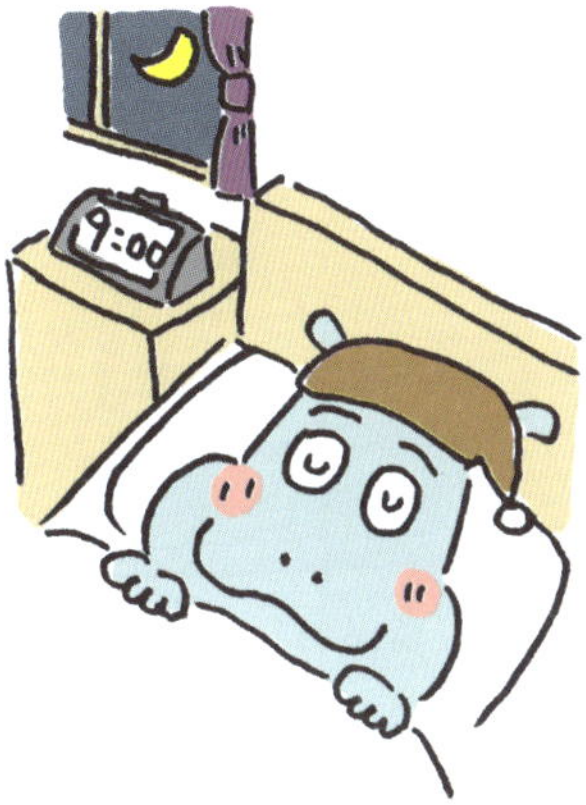

どっぷりさん

熱中《ねっちゅう》していても ひと息《いき》いれよう

どんなに楽《たの》しくても、長《なが》い時間《じかん》やっていると、あとからつかれが出《で》ることもあるよ。いざ宿題《しゅくだい》をやろうというとき、つかれているとこまるよね。何《なに》かに熱中《ねっちゅう》しているときも、ときどき部屋《へや》を歩《ある》いたり、ちがうことをやってみたりと、ひと息《いき》いれるクセをつけよう。

こまった 7

好《す》きなことをやっているとき終《お》わりの時《じ》間《かん》を守《まも》れません

楽《たの》しいことをやっていると時間《じかん》を忘《わす》れちゃう！
時間《じかん》通《どお》りに終《お》わらせるのは難《むずか》しいかな？
あとちょっと…って思《おも》っちゃうんだよね
時間《じかん》通《どお》りに終《お》わることができないとどんなことがこまるだろう？
宿題《しゅくだい》をやる時間《じかん》がなくなる…
それでお父《とう》さんにおこられちゃう
きみは終《お》わりの時間《じかん》を守《まも》れている？

どっぷりさん

終《お》わりの時間《じかん》を知《し》らせてもらおう

夢中《むちゅう》になりやすいきみは、何《なに》かを時間通《じかんどお》りに終《お》えることは、少《すこ》し苦手《にがて》かもしれないね。

そんなときは、おうちの人《ひと》の力《ちから》を借《か》りるといいよ。たとえば、終《お》える時間《じかん》の10分前《ぷんまえ》と終《お》える時間《じかん》の2回《かい》、声《こえ》をかけてもらおう。10分《ぷん》前《まえ》に「あっ、もう終《お》わりだな」とわかれば、終《お》える心《こころ》づもりができるので、次《つぎ》の行動《こうどう》に移《うつ》りやすくなるよ。

ひとりのときは、目覚《めざ》まし時計《どけい》やタイマーをセットするといいね。

まわりの人《ひと》のことも気《き》にかけよう!

なぜ、時間通《じかんどお》りに終《お》えないといけないのか、考《かんが》えてみることも大切《たいせつ》だよ。きみが予定時間《よていじかん》をすぎてもおふろに入《はい》らなかったら、次《つぎ》の人《ひと》がこまるよね。まわりの人《ひと》のことも気《き》にかけるようにすると、今《いま》より、時間《じかん》を守《まも》れるようになるはずだよ。

しっかりさん

急《いそ》いで終《お》わらせず別《べつ》の日《ひ》にやる

自分《じぶん》で「今日《きょう》はここまでやる」と計画《けいかく》を立《た》てていることが多《おお》いしっかりさん。それはすてきなことだけど、時間《じかん》がきたら終《お》わりにすることを覚《おぼ》えることも大切《たいせつ》だよ。急《いそ》ぐと、中途半端《ちゅうとはんぱ》になってしまうこともあるから、続《つづ》きは別《べつ》の日《ひ》にやるという考《かんが》えも取《と》り入《い》れるようにしよう。

それをやるのにかかった時間《じかん》を記録《きろく》しておくと次《つぎ》に計画《けいかく》を立《た》てるときの参考《さんこう》になるよ

ワクワクさん

このあとのことを想像《そうぞう》してみよう

このままやり続《つづ》けると、ごはんの時間《じかん》やねる時間《じかん》はどうなるかな。反対《はんたい》に、時間通《じかんどお》りに終《お》えた場合《ばあい》は、どうかな。両方《りょうほう》を想像《そうぞう》してみると、時間通《じかんどお》りに終《お》えたほうが、いろいろなことが気持《きも》ちよく進《すす》むことがわかって、しぜんと終《お》えるほうを選《えら》べるようになるはずだよ。

やったー

しんちょうさん

心配《しんぱい》せずに別《べつ》の日《ひ》にやろう

予定《よてい》していた分《ぶん》までできないと「どうしよう」と心配《しんぱい》になって、やり続《つづ》けてしまうことがあるんじゃないかな。でも「ほかの日《ひ》にやろう」と、気持《きも》ちを切《き》りかえて、いったん終《お》わらせても大丈夫《だいじょうぶ》だよ。計画《けいかく》は予定通《よていどお》りにいかないことも、よくあるからね。

時間《じかん》だね
パタ

こまった 8

やる気《き》が全《ぜん》然《ぜん》起《お》きません

やる気《き》が出《で》ないとき みんなは どうしている?
つい うだうだ しちゃう
好《す》きなことを して やる気《き》が 出《で》るのを待《ま》つ!
やる気《き》は待《ま》っていても なかなか出《で》てこないの。 やる気《き》を出《だ》すための コツがあるよ
ほんと!?
知《し》りたい 知《し》りたい!!
きみもさっそく チェックしよう!

しんちょうさん

ノートを開《ひら》くなど小《ちい》さなことからスタート

しんちょうさんのやる気《き》が起《お》きないときは、考《かんが》えすぎて身動《みうご》きがとれなくなっているのかも。そんなときは、えんぴつを出《だ》す、ノートを開《ひら》くなど、小《ちい》さなことや考《かんが》えなくてもできることから始《はじ》めるといいよ。手《て》や体《からだ》を動《うご》かしているうちに脳《のう》の準備《じゅんび》ができて、やる気《き》もしぜんとわいてくるんだ。

やることがいくつかあるときは、簡単《かんたん》なことから始《はじ》めよう。「できた！」という達成感《たっせいかん》が味《あじ》わえて、次《つぎ》にうまくつながるよ。

まずは机《つくえ》の上《うえ》を
片《かた》づけるのもおすすめ！
環境《かんきょう》を整《ととの》えることで
やる気《き》が出《で》るよ

しっかりさん

まわりの人《ひと》に宣言《せんげん》しよう

おうちの人《ひと》に「これから30分《ぷん》○○をやります」などと宣言《せんげん》しよう。期待《きたい》にこたえるタイプのきみは、だれかに言《い》うことで、やる気《き》がすっと出《で》てくるはず。終《お》わったら、シールをはるなど、終《お》えたことがひとめでわかるようにしておこう。

ワクワクさん

みんなをさそってわいわいやろう

みんなでわいわいやるのがすきなきみの場合《ばあい》、お友《とも》だちといっしょに宿題《しゅくだい》をやるなど、まわりの人《ひと》をまきこむと、しぜんとやる気《き》が起《お》きるはず。さらに、「これが終《お》わったら○○をやる」など、楽《たの》しい予定《よてい》を入《い》れておけば、気持《きも》ちも乗《の》ってくるよ！

どっぷりさん

5分間《ふんかん》で調子《ちょうし》を出《だ》そう

興味《きょうみ》がないことに対《たい》しては、なかなかやる気《き》が出《で》ないよね。そんなときは、5分《ふん》だけ好《す》きなことをしていいと、自分《じぶん》に約束《やくそく》。これで調子《ちょうし》が出《で》てくるよ。

5分《ふん》たったらすっぱりとやめて、その勢《いきお》いのまま、やるべきことに取《と》り組《く》もう！

こまった 9

休《やす》みの日《ひ》がなんとなく終《お》わってしまいます

また休《やす》みの日《ひ》が
終《お》わっちゃった
みんな楽《たの》しそうだな～
sikkari
キャンプ…
なんで ぼくの休《やす》みは
楽《たの》しくないんだろう…？

休《やす》みの日《ひ》が なんとなく すぎてしまったって 感《かん》じるのは どんなとき？
ねぼう したとき
特別《とくべつ》な 予定《よてい》がない日《ひ》は そう感《かん》じるなあ
じゃあ みんなが考《かんが》える 充実《じゅうじつ》した休《やす》みの すごし方《かた》ってどんなの？
楽《たの》しい予定《よてい》が いーっぱい ある！
思《おも》いっきり 好《す》きなことが できる！
きみの休《やす》みの日《ひ》は 充実《じゅうじつ》している？

しんちょうさん

たまにはぼうけんしてみよう

「なんとなく終《お》わってしまう」と感《かん》じるのは、休《やす》みの日《ひ》も平日《へいじつ》と同《おな》じ流《なが》れですごしているからかもしれないよ。休《やす》みの日《ひ》は、ちょっとぼうけんしてみるのはどうかな。平日《へいじつ》にはできない時間《じかん》のかかることや、家族《かぞく》の協力《きょうりょく》が必要《ひつよう》なことをやってみよう。

たとえば、次《つぎ》の休日《きゅうじつ》のお出《で》かけの計画《けいかく》を立《た》てるのも楽《たの》しいよ。考《かんが》えることがたくさんあるから、休《やす》みの日《ひ》をめいっぱいつかえて、ワクワクする1日《にち》が送《おく》れるかも。計画《けいかく》ができあがったら、おうちの人《ひと》に提案《ていあん》しよう。

しっかりさん

ひとつのことに熱中《ねっちゅう》してみよう

1日《にち》にたくさんのことをつめこむことが多《おお》い、しっかりさん。休《やす》みの日《ひ》は、ちょっと気分《きぶん》を変《か》えて、ひとつのことに、とことん熱中《ねっちゅう》してすごしてみよう。ひとつにしぼってじっくりやることで、満足《まんぞく》感《かん》を味《あじ》わえるはず。さっそく次《つぎ》の休《やす》みにやることを決《き》めておこう！

小麦粉

ワクワクさん

やるべきことは先《さき》にすませよう

楽《たの》しくすごすことが得意《とくい》なワクワクさん。「なんとなく終《お》わってしまう」と感《かん》じるのは、やるべきことを先《さき》のばしにして、それが気《き》になっているからかもしれないね。

やるべきことは日曜日《にちようび》の夜《よる》ではなく、思《おも》いきって金曜日《きんようび》の夜《よる》や土《ど》曜日《ようび》の朝《あさ》にすませてしまおう。

おわった！

どっぷりさん

新《あたら》しいことにチャレンジ！

休《やす》みの日《ひ》は、大好《だいす》きなことに熱《ねっ》中《ちゅう》することが多《おお》いと思《おも》うけど、もしかしたら、それがマンネリ化《か》して、休《やす》みがなんとなく終《お》わってしまうと感《かん》じるのかもしれないよ。

たまには、やったことのないことにチャレンジ！　新《あたら》しい自分《じぶん》を発見《はっけん》できるはずだよ。

やるべきことを
先《さき》にまとめてやって
好《す》きなことをする時間《じかん》を
長《なが》くとるのが
むいているよ！

時間《じかん》のつかい方《かた》

Q《キュー》&《アンド》A《エー》

Q《キュー》

計画通《けいかくどお》りに進《すす》まないときはどうすればいいですか？

A《エー》

計画通《けいかくどお》りいかないのはよくあること。落《お》ち着《つ》いて見直《みなお》してみよう！

せっかくつくった計画《けいかく》やスケジュールがうまくいかないと、がっかりしたり、落《お》ちこんでしまったりするね。でも、計画通《けいかくどお》りにいかないことは、よくあることなんだよ。

計画《けいかく》がうまくいかない原因《げんいん》は、おもに3つ。1つめは、やることをたくさんつめこんでしまうこと。2つめは、予備《よび》の時間《じかん》がないこと。3つめは気《き》が散《ち》って、集中《しゅうちゅう》できていないこと。

どれが当《あ》てはまるかは、人《ひと》それぞれ。また、いくつかの原因《げんいん》がからみあっていることもあるよ。

次《つぎ》のページのコツや、タイプ別《べつ》のアドバイスを参考《さんこう》にして、見直《みなお》しをしてみよう！

計《けい》画《かく》をうまくすすめるコツ

1 やることをつめこまない

つかえる時間《じかん》より、かかる時間《じかん》が多《おお》かったら、当然《とうぜん》できないことが出《で》てくるよ。かかる時間《じかん》を計《はか》って、つかえる時間《じかん》と照《て》らし合《あ》わせてみよう。

「そんなこと言《い》われても、やることがたくさんあるんだ！」という場合《ばあい》は、1週間《しゅうかん》など少《すこ》し長《なが》い時《じ》間《かん》で考《かんが》えてみよう。たとえば習《なら》いごとや塾《じゅく》がなく、つかえる時間《じかん》が多《おお》い日《ひ》に、予定《よてい》を入《い》れるといいね。

2 時間《じかん》によゆうをもつ

宿題《しゅくだい》の時間《じかん》を30分《ぷん》とっていたとしても、内容《ないよう》によっては、40分《ぷん》かかってしまうことがあるよね。もしくは、予定《よてい》していなかったことが、とつぜん起《お》こることも！

そんなときのために、やることとやることの間《あいだ》に10分《ぷん》の休憩《きゅうけい》を入《い》れたり、やることにかかる時間《じかん》に5分《ふん》足《た》しておいたりするといいよ。時間《じかん》に少《すこ》しよゆうをもたせれば、いざというときに調整《ちょうせい》できるね。

3 集中《しゅうちゅう》できる環境《かんきょう》をつくる

気《き》が散《ち》ってなかなか集中《しゅうちゅう》できないときは、関係《かんけい》ないものは見《み》えないところにしまって、目《め》に入《はい》らないようにしよう。図書館《としょかん》など、しぜんと集中《しゅうちゅう》できる場所《ばしょ》に移動《いどう》する手《て》もあるよ。

また、「これから30分《ぷん》で宿題《しゅくだい》を終《お》わらせます」などと、おうちの人《ひと》に宣言《せんげん》するのもおすすめ。だれかに言《い》うことで、やる気《き》が出《で》てくるよ。

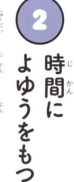

しっかりさん

つめこみすぎない!

毎日《まいにち》、たくさんのことをやりたいしっかりさん。計画通《けいかくどお》りに進《すす》まないのは、きっと、あれこれつめこみすぎていることが原因《げんいん》じゃないかな。かかる時間《じかん》を短《みじか》く計算《けいさん》しがちなので、何《なに》にどのくらい時《じ》間《かん》がかかるか、一度《いちど》計《はか》ってみるといいよ。

ワクワクさん

やることをしぼる!

やりたいことは、全部同《ぜんぶおな》じくらいやりたい気持《きも》ちになってしまうワクワクさん。でも、時間《じかん》には限《かぎ》りがあるので、優先順位《ゆうせんじゅんい》をつけて、やることをしぼるようにしよう。

つかえる時間《じかん》にできる分量《ぶんりょう》を知《し》ることが、計画通《けいかくどお》りに進《すす》めるポイントだよ。

どっぷりさん

終《お》わりの時間《じかん》を守《まも》る！

好《す》きなことには、とことん熱中《ねっちゅう》するどっぷりさん。計画通《けいかくどお》りに進《すす》まないのは、終《お》わりの時間《じかん》を守《まも》れないことが原因《げんいん》かも。また、気《き》が散《ち》って計画《けいかく》がうまくいかないことも。天気《てんき》が悪《わる》い日《ひ》は集中《しゅうちゅう》できないなど、自分《じぶん》のパターンを知《し》って、その日《ひ》はよゆうのある計画《けいかく》を立《た》てるといいね。

しんちょうさん

計画《けいかく》のずれを気《き》にしない！

何《なに》か気《き》になることがあると、計画通《けいかくどお》りに進《すす》まなくなってしまうことが、多《おお》いんじゃないかな。気《き》になることを、先《さき》に解決《かいけつ》するようにしよう。

また、計画《けいかく》のずれはだれにでも起《お》こることだから、気《き》にしすぎないで大丈夫《だいじょうぶ》。計画《けいかく》を見直《みなお》して、次《つぎ》につなげるようにしよう。

時《じ》間《かん》にまつわることわざ②

思《おも》い立《た》ったが吉《きち》日《じつ》

何《なに》かを始《はじ》めようと思《おも》ったら、その日《ひ》に始《はじ》めるのが一《いち》番《ばん》いいタイミングであるという意《い》味《み》。「来週《らいしゅう》からやろう」「新年《しんねん》からやろう」などと思《おも》わず、思《おも》い立《た》ったらすぐに始《はじ》めよう！

一刻《いっこく》千金《せんきん》

「一刻《いっこく》」はわずかな時間《じかん》、「千金《せんきん》」はたくさんのお金《かね》。つまり、わずかな時間《じかん》もたくさんのお金《かね》に値《あたい》する価値《かち》があるという意味《いみ》だよ。時間《じかん》の大切《たいせつ》さ、貴重《きちょう》さを表《あらわ》しているよ。

長《なが》い休《やす》みの時《じ》間《かん》のつかい方《かた》

Part《パート》 4

長《なが》い休《やす》みは絶《ぜっ》好《こう》のチャンス！

もうすぐ夏《なつ》休《やす》みがやってくるね！計《けい》画《かく》は立《た》てたかな？

これからです…

時《じ》間《かん》がたっぷりあるから計《けい》画《かく》なんていらないでしょ！

計《けい》画《かく》を立《た》てるなんてめんどくさーい！

立《た》てたいけど長《なが》すぎて立《た》て方《かた》がわからない…

春《はる》・夏《なつ》・冬《ふゆ》の長《なが》い休《やす》みはふだん十《じゅう》分《ぶん》できていないことに取《と》り組《く》む絶《ぜっ》好《こう》のチャンス！充《じゅう》実《じつ》した休《やす》みにするために計《けい》画《かく》を立《た》てることは大《たい》切《せつ》だよ
どうやって計《けい》画《かく》を立《た》てるか教《おし》えてください！

長《なが》い休《やす》みを充実《じゅうじつ》させるコツ

1 やりたいことをとことんやる

時間《じかん》がたくさんあるお休《やす》みは、自分《じぶん》が好《す》きなこと・やりたいことを、とことんやるのに絶好《ぜっこう》のチャンス！　ふだんはできていなかったことに、挑戦《ちょうせん》してみよう。

2 生活《せいかつ》のリズムをキープする

やりたいことをとことんやるためにも、ふだんの生活《せいかつ》のリズムをキープしよう。とくに、ねる時間《じかん》や起《お》きる時間《じかん》、食事《しょくじ》の時間《じかん》などは、一定《いってい》の時間《じかん》に決《き》めるといいよ。

3 計画的《けいかくてき》に宿題《しゅくだい》を進《すす》める

休《やす》みの間《あいだ》の宿題《しゅくだい》は計画的《けいかくてき》に進《すす》めよう。量《りょう》の多《おお》いものは、最初《さいしょ》に1日《にち》にやる分量《ぶんりょう》を決《き》めて、コツコツやろう。工作《こうさく》などの大《おお》きな宿題《しゅくだい》は、取《と》り組《く》む日《ひ》を決《き》めておくと◎。

4 苦手《にがて》なことにチャレンジ

ふだんから「これはちょっと苦手《にがて》だな」と思《おも》っていることって、だれにでもあるよね。長《なが》い休《やす》みを利用《りよう》して、チャレンジしてみよう。きみの自信《じしん》につながるよ。

5 将来《しょうらい》について考《かんが》える

せっかく時間《じかん》のあるお休《やす》み。将来《しょうらい》の夢《ゆめ》や興味《きょうみ》があることについて、考《かんが》えてみよう。あこがれの人《ひと》を見《み》つけるのもいいね。そして、今《いま》からできることを始《はじ》めよう！

次《つぎ》のページからは夏休《なつやす》みを例《れい》にして説明《せつめい》するよ

ステップ
Step 1

夏休《なつやす》みにやりたいことや目標《もくひょう》を書《か》き出《だ》そう

1 やりたいことを書《か》き出《だ》す

夏休《なつやす》みは知《し》らない世界《せかい》を知《し》るチャンス。気《き》になっているけど、ふだんできないことにも、積極的《せっきょくてき》にチャレンジしてみよう！

たとえばクッキーを焼《や》く、キャンプに行《い》く、ボランティア活動《かつどう》に参加《さんか》するなど、おうちの人《ひと》の協力《きょうりょく》が必要《ひつよう》なことも、挙《あ》げてみてね。

また、いつもよりも時間《じかん》をかけて、たっぷりやりたいことも書《か》いておこう。本《ほん》を読《よ》む、絵《え》をかく、映画《えいが》をたくさん見《み》る、とかね！

2 チャレンジすることも書《か》き出《だ》す

夏休《なつやす》みは、ちょっと苦手《にがて》なことにもチャレンジしてみよう。

苦手《にがて》だけど、できるようになるといいな、と思《おも》うことを書《か》き出《だ》してね。そのうちひとつかふたつを克服《こくふく》することを、夏休《なつやす》みの目標《もくひょう》にするのはどうかな？

なわとびやランニングなどの運《うん》動《どう》、計算《けいさん》や漢字《かんじ》などの勉強《べんきょう》でもいいし、料理《りょうり》に挑戦《ちょうせん》する、朝《あさ》のしたくをすばやくできるようにする、といったことでもＯＫ《オーケー》！

3 ふたつに分《わ》けてみる

やりたいことやチャレンジすることを書《か》き出《だ》したら、毎日《まいにち》コツコツつみあげてやることと、まとまった時間《じかん》をとってやることに分《わ》けよう。このとき、ペンの色《いろ》を変《か》えて書《か》くとわかりやすいよ。

しっかりさんは…

書《か》き出《だ》したやりたいことには、優先順位《ゆうせんじゅんい》をつけて、ひとつずつ取《と》り組《く》んでいくようにしよう。つめこみすぎないことが大切《たいせつ》だよ。

ワクワクさんは…

やりたいことがたくさんあるよね。時間《じかん》のある夏休《なつやす》みは、少《すこ》し努力《どりょく》が必要《ひつよう》なことや、コツコツ続《つづ》ける必要《ひつよう》があることにチャレンジしてみよう！

どっぷりさんは…

やりたいことをめいっぱいやるチャンス！　出《で》かける必要《ひつよう》があるなど、ひとりでできないことは、おうちの人《ひと》に相談《そうだん》してみよう。

しんちょうさんは…

夏休《なつやす》みこそ、ふだんできない少《すこ》し大《おお》きなことにチャレンジ！　心配《しんぱい》なことは、まわりの人《ひと》に相談《そうだん》すれば大丈夫《だいじょうぶ》だよ。勇気《ゆうき》をもってやってみよう！

ステップ
Step 2

夏《なつ》休《やす》みの計《けい》画《かく》表《ひょう》をつくろう

長《なが》い夏《なつ》休《やす》みは計《けい》画《かく》を立《た》てることが大《たい》切《せつ》

「こんな夏《なつ》休《やす》みにしたい！」という目《もく》標《ひょう》を立《た》てたら、さっそく計《けい》画《かく》表《ひょう》をつくろう。

「自《じ》由《ゆう》にすごしたい！」と思《おも》う人《ひと》もいるかもしれないけど、長《なが》い休《やす》みをなんの計《けい》画《かく》も立《た》てずにすごすのは、難《むずか》しいよ。110ページのように、カレンダーや手《て》帳《ちょう》をつかって、いつ、何《なに》をやるか、計《けい》画《かく》を立《た》てていこう。

やることがはっきりわかると、自《じ》由《ゆう》な時《じ》間《かん》も思《おも》いきり楽《たの》しめるようになるよ！

楽《たの》しい予定《よてい》とやらなければならないことの両方《りょうほう》を書《か》く

　計画表《けいかくひょう》をつくるポイントは、決《き》まっている予定《よてい》から書《か》きこむこと。たとえば、家族旅行《かぞくりょこう》や習《なら》いごとの予定《よてい》などだよ。

　計画表《けいかくひょう》には、遊《あそ》びなどの楽《たの》しい予定《よてい》と、宿題《しゅくだい》などのやらなければならないことの、両方《りょうほう》を書《か》きこもう。チャレンジしたいと思《おも》ったことも、まとまった時間《じかん》が必要《ひつよう》なものは、予定《よてい》を決《き》めて書《か》いておこう。

　夏休《なつやす》みは、楽《たの》しいことはもちろん、苦手《にがて》なことにも挑戦《ちょうせん》して、自分《じぶん》をパワーアップさせるのにぴったりな時間《じかん》だよ！

予定《よてい》だけじゃなくてやらなきゃいけないことも書《か》くんだね
宿題《しゅくだい》の計画《けいかく》ってどうやって立《た》てればいいのかな？
動物園《どうぶつえん》に行《い》きたいけどどうすればいいだろう…
続《つづ》きを読《よ》めばポイントがわかるよ！

宿題《しゅくだい》別《べつ》！ 進《すす》め方《かた》のコツ

まず宿題《しゅくだい》の量《りょう》と内容《ないよう》を確認《かくにん》しよう

夏休《なつやす》みの宿題《しゅくだい》の計画《けいかく》を立《た》てるために、まずは宿題《しゅくだい》の内容《ないよう》と量《りょう》をきちんと知《し》ることが大切《たいせつ》だよ。ノートに宿題《しゅくだい》の内容《ないよう》をすべて書《か》き出《だ》して、ひとめでわかるようにしよう。

宿題《しゅくだい》の内容《ないよう》は、大《おお》きく3つに分《わ》けられるよ。1つめはドリルなどのまとまった量《りょう》があるもの。2つめは、絵日記《えにっき》など毎日《まいにち》取《と》り組《く》む必《ひつ》要《よう》があるもの。そして3つめは、読書感想文《どくしょかんそうぶん》や自由研究《じゆうけんきゅう》など、準備《じゅんび》や下調《したしら》べが必要《ひつよう》で、時間《じかん》がかかるものだよ。

①まとまった量《りょう》があるもの

・漢字《かんじ》ドリル
・計算《けいさん》ドリル
など

②毎日《まいにち》取《と》り組《く》む必要《ひつよう》があるもの

・絵日記《えにっき》
・観察記録《かんさつきろく》
など

③時間《じかん》がかかるもの

・読書感想文《どくしょかんそうぶん》
・自由研究《じゆうけんきゅう》
・工作《こうさく》
など

宿題《しゅくだい》の種類《しゅるい》によってやり方《かた》を考《かんが》える

宿題《しゅくだい》の内容《ないよう》がわかったら、種類《しゅるい》に合《あ》わせて、やり方《かた》を考《かんが》えよう。

1 まとまった量《りょう》があるもの

分量《ぶんりょう》の多《おお》いドリルやプリント類《るい》は、1日《にち》にやる量《りょう》を決《き》めて、毎日《まいにち》コツコツ進《すす》めよう。漢字《かんじ》ドリルと計算《けいさん》ドリルなど、いくつか種類《しゅるい》があるときは、片方《かたほう》ずつ進《すす》めるより、両方《りょうほう》を並行《へいこう》してやるのがおすすめだよ。あきずに取《と》り組《く》めるし、知識《ちしき》もバランスよく身《み》につくからね。

2 毎日《まいにち》取《と》り組《く》む必要《ひつよう》があるもの

絵日記《えにっき》など毎日《まいにち》取《と》り組《く》む必要《ひつよう》があるものは、時間《じかん》を決《き》めて、毎日《まいにち》取《と》り組《く》もう。

3 時間《じかん》がかかるもの

読書感想文《どくしょかんそうぶん》や自由研究《じゆうけんきゅう》、工作《こうさく》などは、準備《じゅんび》や下調《したしら》べが必要《ひつよう》で、1日《にち》では終《お》わらないかもしれないね。夏休《なつやす》みが始《はじ》まった段階《だんかい》で、あらかじめかかりそうな日数《にっすう》を考《かんが》えて、取《と》り組《く》む日《ひ》を決《き》めておくようにしよう。

時間《じかん》がかかる宿題《しゅくだい》の進《すす》め方《かた》のコツ

作業《さぎょう》を分《わ》けて考《かんが》えるのがポイントだよ。

たとえば、読書感想文《どくしょかんそうぶん》は、①本《ほん》を選《えら》ぶ　②本《ほん》を読《よ》む　③感想《かんそう》を書《か》く、という3つの工程《こうてい》に分《わ》けられるね。工作《こうさく》なら、①テーマを決《き》める　②材料《ざいりょう》をそろえる　③実際《じっさい》につくる、の3工程《こうてい》。

こうやって分解《ぶんかい》してみると、宿題《しゅくだい》を終《お》えるのにだいたい何日《なんにち》かかるかがわかるね。また、1回《かい》にやるべきこともわかって、最初《さいしょ》の一歩《いっぽ》がふみだしやすくなるよ。

計《けい》画《かく》表《ひょう》のつくり方《かた》

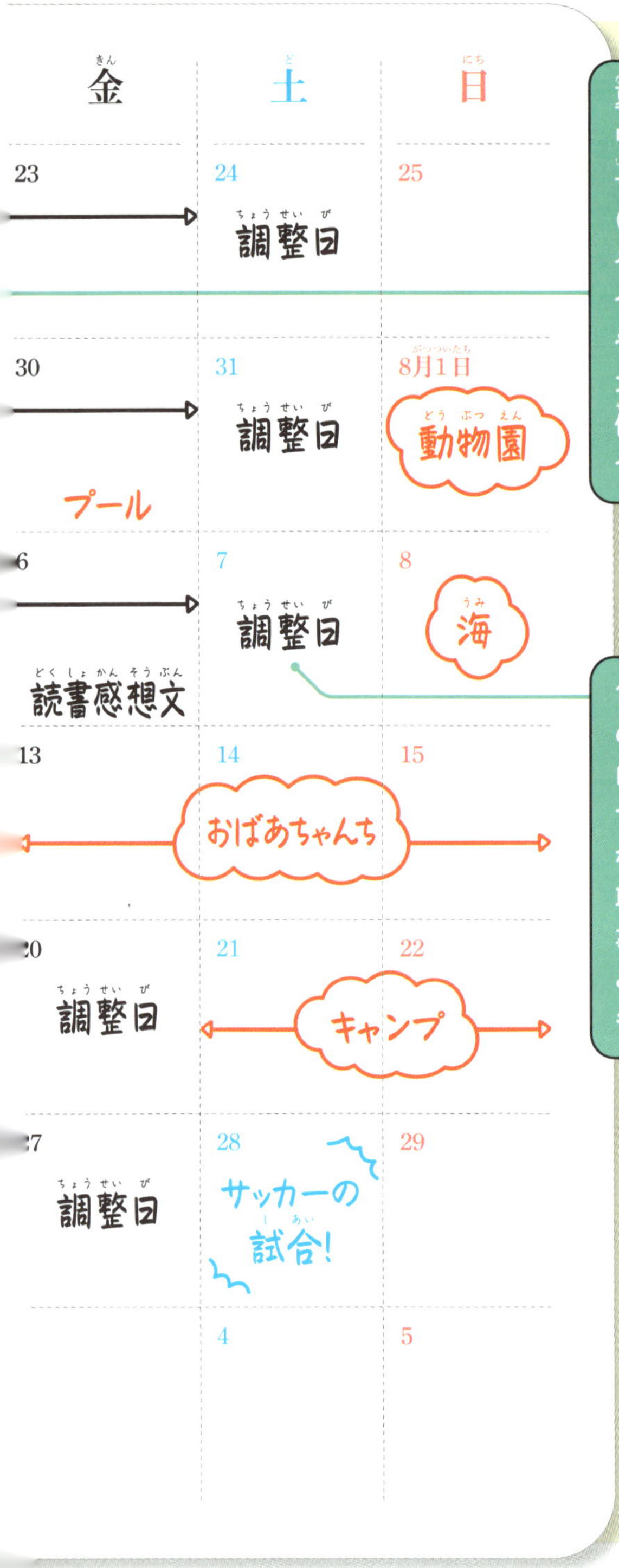

夏休《なつやす》みの最初《さいしょ》は、生活《せいかつ》のリズムを整《ととの》えることが第一《だいいち》! 1日《にち》のスケジュール(112ページを見《み》てね)にそって、生活《せいかつ》する習慣《しゅうかん》をつけよう。また、ドリルやプリントなど、毎日《まいにち》コツコツ取《と》り組《く》む宿題《しゅくだい》は、夏休《なつやす》みの初日《しょにち》から、少《すこ》しずつやることが大切《たいせつ》だよ。

1週間《しゅうかん》に一度《いちど》、何《なに》も宿題《しゅくだい》の予定《よてい》を入《い》れない「調整日《ちょうせいび》」をつくっておくのがおすすめ。予定通《よていどお》り進《すす》まなかった分《ぶん》を、その日《ひ》に取《と》り返《かえ》そう! 休息《きゅうそく》も大事《だいじ》だから、日曜日《にちようび》はお休《やす》み、などと決《き》めてしまうのもいいね。

予定《よてい》はあとからどんどん
追加《ついか》していけばいいので
最初《さいしょ》から完《かん》ぺきにつくろうと
思《おも》わなくていいよ!

毎日《まいにち》取《と》り組《く》む必要《ひつよう》がある宿題《しゅくだい》は上《うえ》、日《ひ》にちを決《き》めて取《と》り組《く》む宿題《しゅくだい》は下《した》、と分《わ》けて書《か》くとわかりやすいよ。

宿題《しゅくだい》は黒《くろ》、楽《たの》しみな予定《よてい》はオレンジ、習《なら》いごとやチャレンジすることは青《あお》、といったように色分《いろわ》けしてみよう!

夏休《なつやす》みの中《なか》ごろは、休《やす》みの生活《せいかつ》リズムにもすっかりなじんで、充実《じゅうじつ》した日々《ひび》をすごしているはず! ここで、読書感想文《どくしょかんそうぶん》や自由《じゆう》研究《けんきゅう》、工作《こうさく》など、大《おお》きな宿題《しゅくだい》に取《と》り組《く》むと◎。これらを終《お》えることで、夏休《なつやす》み後半《こうはん》も心置《こころお》きなくすごせるよ。

夏休《なつやす》みが残《のこ》り少《すく》なくなったら、宿題《しゅくだい》のやり残《のこ》しがないか、見直《みなお》してみよう。調整日《ちょうせいび》をうまく活用《かつよう》してね。

月《げつ》	火《か》	水《すい》	木《もく》
7月《がつ》19日《にち》	20	21 終業式《しゅうぎょうしき》	22 ドリル ── サッカー
26 ←ドリル ──	27 K《ケー》くんとあそぶ	28 読書感想文《どくしょかんそうぶん》	29 サッカー
2 ←ドリル ── 料理《りょうり》に挑戦《ちょうせん》	3	4 読書感想文《どくしょかんそうぶん》	5 サッカー
9 ←ドリル ──	10	11	12 ── → サッカー
←── 自由研究《じゆうけんきゅう》	── →		
16 ←ドリル ──	17	18	19 ── → サッカー
←── 自由研究《じゆうけんきゅう》	── →		
23 ←ドリル ──	24 プール	25 ── →	26 調整日《ちょうせいび》 サッカー
30 調整日《ちょうせいび》 料理《りょうり》に挑戦《ちょうせん》	31 調整日《ちょうせいび》	9月1日《がつついたち》 始業式《しぎょうしき》	2

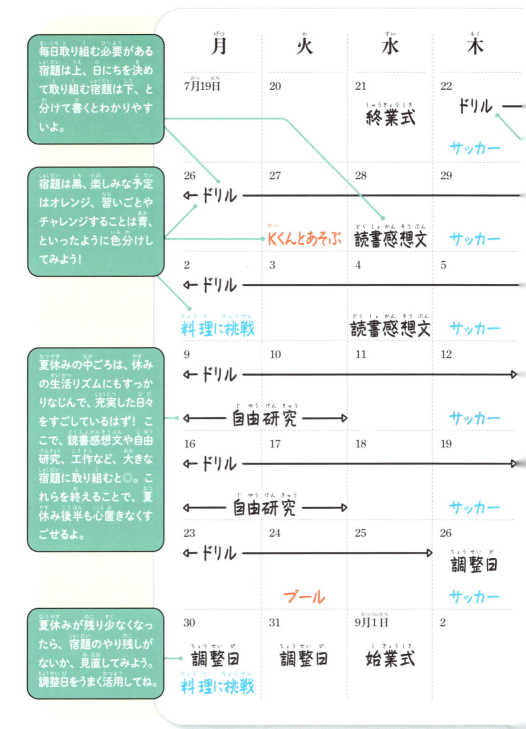

ステップ
Step 3

1日《にち》の基本《きほん》のスケジュールをつくろう

生活《せいかつ》の基本《きほん》になるスケジュールをつくろう

夏休《なつやす》み全体《ぜんたい》の計画《けいかく》が大《おお》まかに決《き》まったら、次《つぎ》は毎日《まいにち》の生活《せいかつ》の基本《きほん》となるスケジュールを、円《えん》グラフでつくってみよう。

円《えん》グラフのつくり方《かた》は、下《した》の❶〜❸を参考《さんこう》にしてね。

習《なら》いごとがある日《ひ》とない日《ひ》などいくつかの円《えん》グラフをつくってもいいね

❶ 生活《せいかつ》に必要《ひつよう》な時間《じかん》を書《か》く

まずは、ねる時間《じかん》、起《お》きる時間《じかん》、食事《しょくじ》の時間《じかん》など、生活《せいかつ》に必要《ひつよう》な時《じ》間《かん》を書《か》きこもう。生活《せいかつ》リズムをくずさないように、ふだんとあまり時間《じかん》を変《か》えないようにしてね。

❷ 決《き》まっている予定《よてい》を書《か》く

習《なら》いごとなど、❶以外《いがい》で決《き》まっている予定《よてい》を書《か》きこもう。

❸ 勉強《べんきょう》・自由《じゆう》時間《じかん》を書《か》く

最後《さいご》に、勉強時間《べんきょうじかん》や自由時間《じゆうじかん》を決《き》めていこう。毎日《まいにち》やることが変《か》わるので、具体的《ぐたいてき》な内容《ないよう》は書《か》かなくてOK《オーケー》。ただし、毎日《まいにち》取《と》り組《く》む必要《ひつよう》がある日記《にっき》やドリルなどは、時間《じかん》を決《き》めておいてもいいね。

例《れい》

夜《よ》ふかしは、生活《せいかつ》のリズムが乱《みだ》れるからダメだよ。

起《お》きる時間《じかん》は学校《がっこう》がある日《ひ》と同《おな》じくらいにしよう。

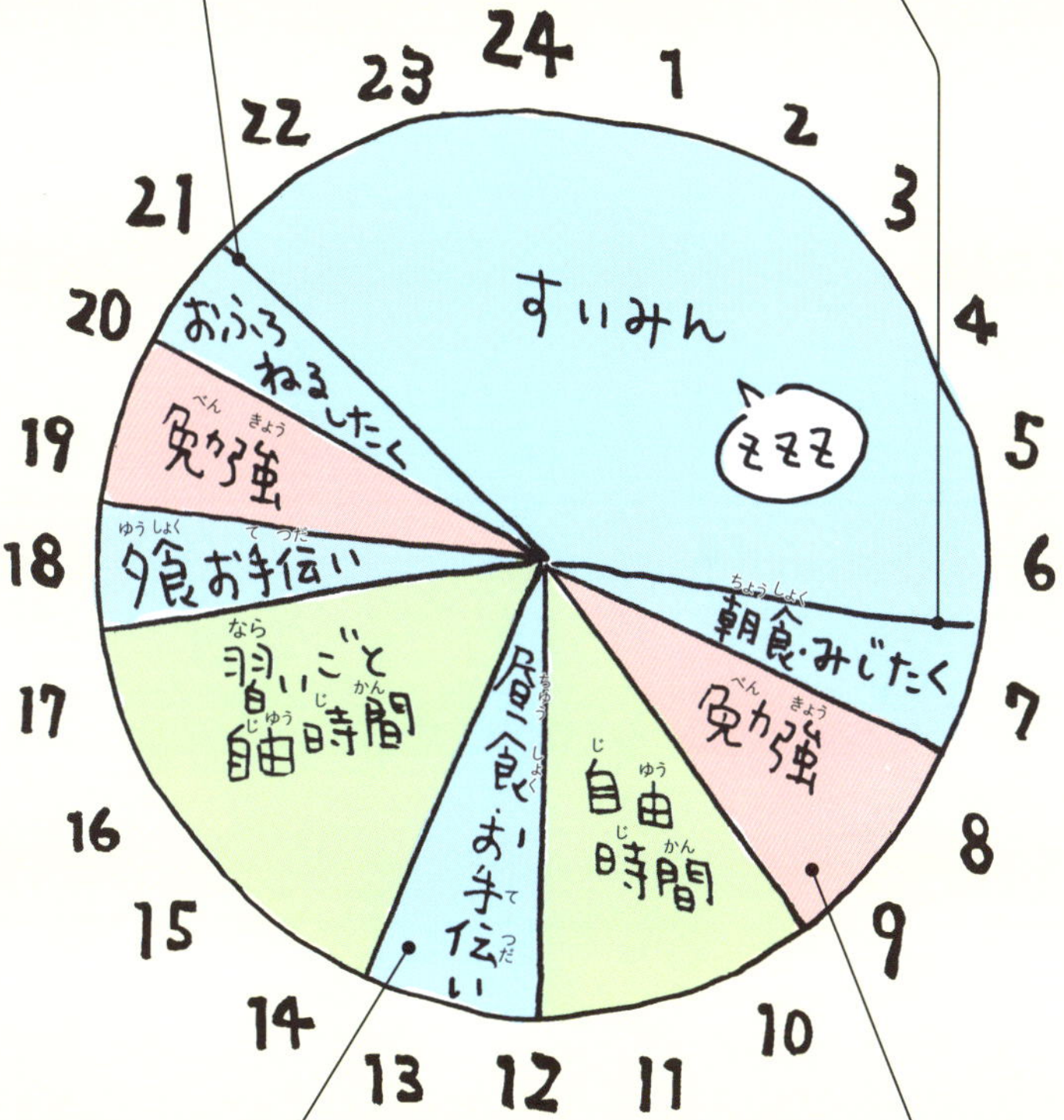

昼食《ちゅうしょく》や夕食《ゆうしょく》のお手伝《てつだ》いにも、積極的《せっきょくてき》に取《と》り組《く》もう。

勉強《べんきょう》は、集中力《しゅうちゅうりょく》が高《たか》い朝《あさ》にやるのがおすすめ。また、早《はや》めにやっておけば、午後《ごご》は好《す》きなことがたっぷりできるよ。

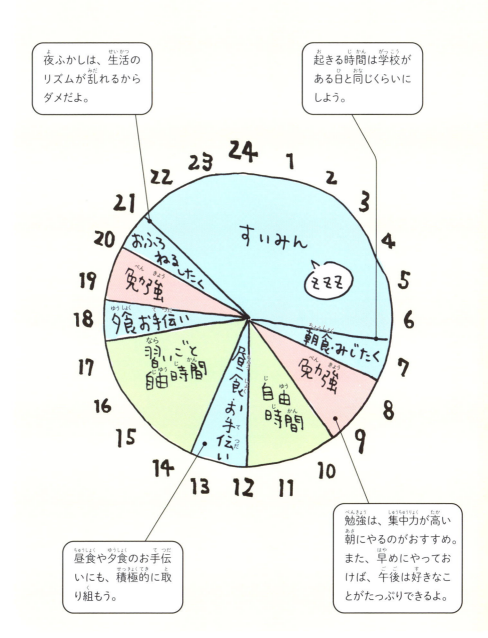

ステップ
Step 4

今日《きょう》の「やることリスト」をつくろう

勉強時間《べんきょうじかん》と自由時間《じゆうじかん》の内容《ないよう》をリストにしよう

113ページの円《えん》グラフにある勉強《べんきょう》時間《じかん》や自由時間《じゆうじかん》に何《なに》をやるかは、前日《ぜんじつ》の夜《よる》に決《き》めて、リスト化《か》しておこう。起《お》きてから「今日《きょう》は何《なに》をやろうかな？」と考《かんが》えるより、リストにそって動《うご》くほうが、効率《こうりつ》がいいんだ。

左《ひだり》のページを参考《さんこう》に、夏休《なつやす》み全体《ぜんたい》の計画表《けいかくひょう》を見《み》ながら、次《つぎ》の日《ひ》にやるべきことを、もれなく書《か》き出《だ》そう！

1日《にち》の終《お》わりにはリストをチェック

1日《にち》の終《お》わりには、その日《ひ》のやることリストをチェックして、実際《じっさい》にどのくらいできたか、確認《かくにん》しよう。全部《ぜんぶ》できなかったら、それは時間《じかん》に対《たい》してやることが多《おお》いということ。次《つぎ》の日《ひ》からはリストに書《か》く量《りょう》を減《へ》らすか、時間《じかん》を長《なが》くとるようにしてね。

これをくり返《かえ》すことで、自分《じぶん》が1日《にち》にどのくらいの量《りょう》をこなせるのかが、しぜんとわかるようになるよ。

明日《あした》はこうしよう！

全部《ぜんぶ》できなくても
気《き》にしなくて大丈夫《だいじょうぶ》！
毎日少《まいにちすこ》しずつ
修正《しゅうせい》しながら
進《すす》めていこう

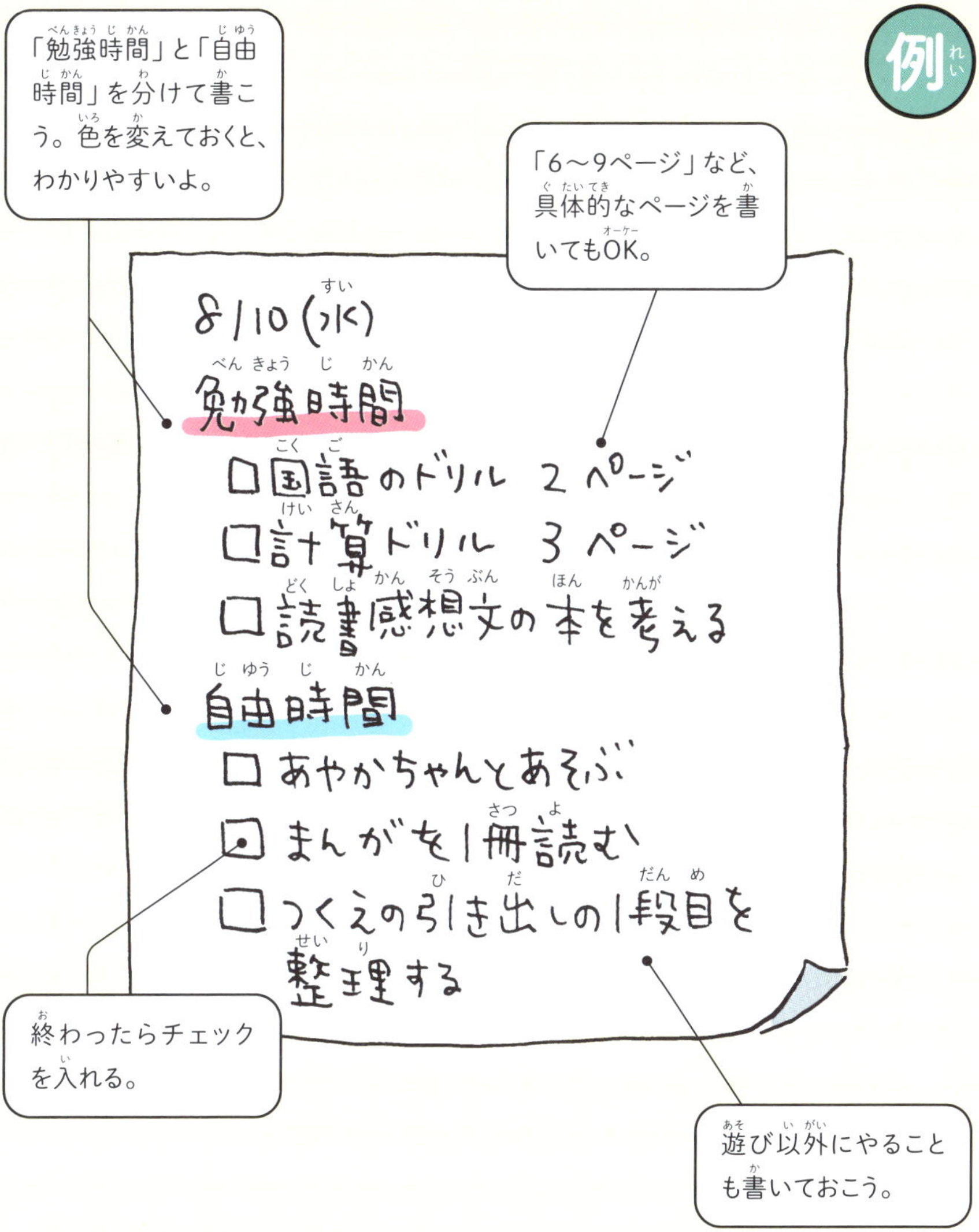

やることリストを実行《じっこう》するためのコツ

- **かべなど、見《み》える場所《ばしょ》にはっておく。**
- **おうちの人《ひと》に「これをやります」とリストを見《み》せる。**
- **1日《にち》の終《お》わりにリストを確認《かくにん》しながら、できたことにチェックを入《い》れる。**
- **できたことをふり返《かえ》ったあと、反省点《はんせいてん》は次《つぎ》の日《ひ》に生《い》かす。**
- **やらなかったらどうなるか、想像《そうぞう》してみる。**

夏《なつ》休《やす》みのこまった

1

夏《なつ》休《やす》みの宿《しゅく》題《だい》を計《けい》画《かく》的《てき》に進《すす》めたいのですが…

しっかりさんは…

得意《とくい》なことは計画的《けいかくてき》に進《すす》められるけど、苦手《にがて》なことは、あと回《まわ》しにしがちじゃないかな。でも、苦手《にがて》なことこそ、先《さき》に終《お》わらせるクセをつけよう。気持《きも》ちによゆうが生《う》まれるよ。

ワクワクさんは…

最初《さいしょ》の1週間《しゅうかん》が勝負《しょうぶ》！　目《め》の前《まえ》に楽《たの》しいことがあっても、最初《さいしょ》は宿題《しゅくだい》を優先《ゆうせん》して取《と》り組《く》んでみよう。達成感《たっせいかん》を味《あじ》わえれば、きっと続《つづ》けられるはず。楽《たの》しいことと宿題《しゅくだい》を、セットでやるのもおすすめだよ。

どっぷりさんは…

苦手《にがて》なことこそ、いつやるか決《き》めて、早《はや》めにすませよう。やり始《はじ》めて、気分《きぶん》がのってきたら、そのときは多《おお》めにやってもいいね。「あと回《まわ》しにできるのは、○回《かい》まで」と、ルールを決《き》めて、取《と》り組《く》むのも楽《たの》しいよ。

しんちょうさんは…

計画通《けいかくどお》り進《すす》めるのが得意《とくい》なしんちょうさん。ただ、予定外《よていがい》のことが起《お》こることもあるから、よゆうをもった計画《けいかく》を立《た》てようね。1週間《しゅうかん》に1回《かい》、何《なに》も宿題《しゅくだい》の予定《よてい》を入《い》れない調整日《ちょうせいび》をつくっておくといいよ。

夏休《なつやす》みのこまった 2

夏休《なつやす》みだと、ついつい朝《あさ》ねぼうしてしまいます

ポイント

ねる時間《じかん》と起《お》きる時間《じかん》は一定《いってい》にしよう

学校《がっこう》がないからって、ついつい夜《よ》ふかしをしてしまっていないかな？　充実《じゅうじつ》した夏休《なつやす》みをすごすためには、ねる時間《じかん》と起《お》きる時間《じかん》を、一定《いってい》に決《き》めておくことが大切《たいせつ》！

ふだんの生活《せいかつ》リズムを乱《みだ》してしまうと、もどすのに時間《じかん》がかかるよ。それに、整《ととの》ったリズムで生活《せいかつ》することは、心身《しんしん》の健康《けんこう》や、成長《せいちょう》のためにもとても重要《じゅうよう》なんだ。

生活《せいかつ》のリズムが不規則《ふきそく》だと、たとえすいみん時間《じかん》をたっぷりとっていても、集中力《しゅうちゅうりょく》やパフォーマンスが落《お》ちてしまう場合《ばあい》があるよ。

決《き》まった時間《じかん》

朝起《あさお》きるコツは
41ページも
チェック！

ポイント

起《お》きる時間《じかん》は変《か》えず、ねる時間《じかん》を早《はや》める

朝起《あさお》きられないのは、すいみん時間《じかん》が足《た》りていないせいかも。時間《じかん》のある夏休《なつやす》みは、いつもよりすいみん時間《じかん》を増《ふ》やすのもおすすめだよ。その場合《ばあい》、朝起《あさお》きる時間《かん》はいつもと変《か》えず、ねる時間《じかん》を早《はや》めるようにしよう。

ねるねー
おやすみなさい！

COLUMN《コラム》

お出《で》かけの計画《けいかく》を立《た》てよう

自分《じぶん》で計画《けいかく》を立《た》てて おうちの人《ひと》に 提案《ていあん》してみよう

夏休《なつやす》みには、おうちの人《ひと》といっしょに遊園地《ゆうえんち》やプール、博物館《はくぶつかん》などに行《い》くこともあるよね。

ふだんはおうちの人《ひと》が計画《けいかく》を立《た》てて、連《つ》れていってくれることが多《おお》いと思《おも》うけど、今年《ことし》は自分《じぶん》でお出《で》かけの計画《けいかく》を立《た》てて、提案《ていあん》してみない？　時間《じかん》のつかい方《かた》を考《かんが》える、きっかけにもなるよ！

おでかけ計画書《けいかくしょ》

行《い》き先《さき》	ポプラ動物園《どうぶつえん》
日《ひ》にち	8月《がつ》1日《ついたち》（日《にち》）　または　8月《がつ》29日《にち》（日《にち》）
交通手段《こうつうしゅだん》	車《くるま》
出発時間《しゅっぱつじかん》	午前《ごぜん》8時《じ》30分《ぷん》
帰宅時間《きたくじかん》	午後《ごご》4時《じ》30分《ぷん》ころ
参加《さんか》する人《ひと》	お父《とう》さん、お母《かあ》さん、おじいちゃん、妹《いもうと》
持《も》ちもの	カメラ、双眼鏡《そうがんきょう》、ぼうし、日焼《ひや》け止《ど》め、水筒《すいとう》、塩《しお》あめ、おやつ、割引《わりびき》チケット
入園料《にゅうえんりょう》	小学生《しょうがくせい》200円《えん》 大人《おとな》800円《えん》 65才以上《さいいじょう》は100円引《えんび》き

雨《あめ》が降《ふ》ったときなどのことを考《かんが》えて、別《べつ》の日《ひ》も考《かんが》えておくと◎。

開園時間《かいえんじかん》や入園料《にゅうえんりょう》はインターネットなどで調《しら》べておくといいね。

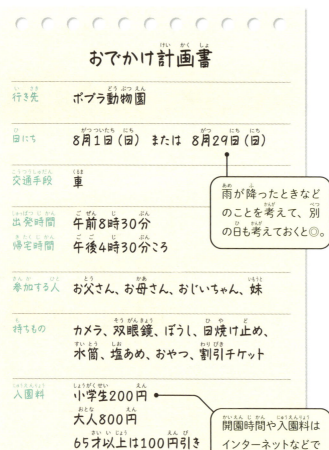

タイムテーブル

時間《じかん》	すること
8時《じ》30分《ぷん》	家《いえ》を出発《しゅっぱつ》
9時《じ》00分《ふん》	おじいちゃんの家《いえ》におむかえ
9時《じ》30分《ぷん》	↓
10時《じ》00分《ふん》	ポプラ動物園《どうぶつえん》にとう着《ちゃく》
10時《じ》30分《ぷん》	見学《けんがく》
11時《じ》00分《ふん》	↓
11時《じ》30分《ぷん》	↓
12時《じ》00分《ふん》	お昼《ひる》ごはん
12時《じ》30分《ぷん》	↓
1時《じ》00分《ふん》	サファリバスに乗《の》る
1時《じ》30分《ぷん》	↓
2時《じ》00分《ふん》	おみやげやさんを見《み》る
2時《じ》30分《ぷん》	ポプラ動物園《どうぶつえん》を出発《しゅっぱつ》
3時《じ》00分《ふん》	↓
3時《じ》30分《ぷん》	おじいちゃんの家《いえ》にとう着《ちゃく》
4時《じ》00分《ふん》	↓
4時《じ》30分《ぷん》	家《いえ》にとう着《ちゃく》

バスや電車《でんしゃ》などの公《こう》共《きょう》の乗《の》りものを使《つか》うときは、時刻《じこく》を調《しら》べて書《か》いておこう。

道路《どうろ》が渋滞《じゅうたい》になることも考《かんが》えて、長《なが》めに予定《よてい》しよう。

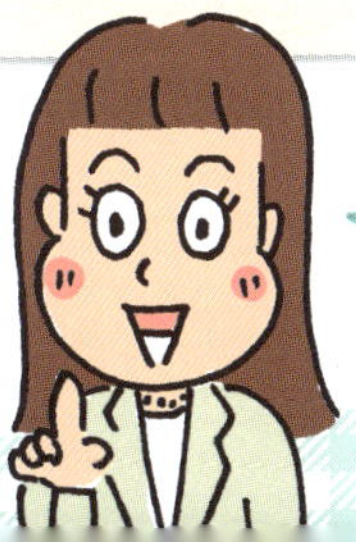
いつなら行《い》けるか
いくらまで使《つか》えるか
など最終的《さいしゅうてき》には
おうちの人《ひと》と
話《はな》し合《あ》って決《き》めてね
まずは計画書《けいかくしょ》と
タイムテーブルを
つくっておうちの人《ひと》に
プレゼンしてみよう!

COLUMN《コラム》

将来《しょうらい》の夢《ゆめ》について考《かんが》えよう

夏休《なつやす》みは夢《ゆめ》に近《ちか》づく絶好《ぜっこう》のチャンス！

きみの将来《しょうらい》の夢《ゆめ》は何《なに》？ どんなことをしてみたい？ 時間《じかん》がたっぷりある夏休《なつやす》みは、自分《じぶん》の将来《しょうらい》についてじっくり考《かんが》える絶好《ぜっこう》のチャンス！

まだ夢《ゆめ》がないという人《ひと》も、夏休《なつやす》みにじっくり好《す》きなことに取《と》り組《く》んだり、いろいろと調《しら》べてみたりすることで、何《なに》かヒントが見《み》つかるかもしれないよ。

1 自分《じぶん》を知《し》る

将来《しょうらい》の夢《ゆめ》を考《かんが》える上《うえ》で大切《たいせつ》なのが、自分《じぶん》を知《し》ること。自分《じぶん》の好《す》きなこと、得意《とくい》なこと、ぎゃくに苦《にが》手《て》なこと……。これらを紙《かみ》に書《か》いてみよう。

何《なに》が得意《とくい》かわからないときは、おうちの人《ひと》や友《とも》だちに聞《き》いてみてもいいね。

2 どんな職業《しょくぎょう》があるか調《しら》べる

次《つぎ》に、自分《じぶん》の好《す》きなことや得意《とくい》なことは、どんな仕事《しごと》につながるのか、本《ほん》やインターネットをつかって調《しら》べてみよう。

たとえば、「サッカーが好《す》き」という場合《ばあい》、サッカー選手《せんしゅ》だけでなく、コーチ、しん判《ぱん》など、たくさんの職業《しょくぎょう》があるはずだよ。

3 今《いま》からできるチャレンジを

❷で気《き》になる職業《しょくぎょう》があったら、その職業《しょくぎょう》につくにはどうしたらいいかも調《しら》べてみよう。そして、毎《まい》日《にち》の生活《せいかつ》の中《なか》で、今《いま》からできることがないか、考《かんが》えてみるといいね。

夢《ゆめ》をかなえるために、今《いま》からできることをさがして、チャレンジしてみよう!

時間《じかん》のつかい方《かた》
Q《キュー》&《アンド》A《エー》

Q《キュー》
何《なに》もしないうちに、夏休《なつやす》みが半分《はんぶん》終《お》わってしまいました…

A《エー》
小《ちい》さなことでもいいので目標《もくひょう》を設定《せってい》しよう

今《いま》からでも、夏休《なつやす》みの目標《もくひょう》を決《き》めよう！　人間《にんげん》は目標《もくひょう》ができると、それを達成《たっせい》するためにどうしたらいいか考《かんが》え、実行《じっこう》しようとするよ。

目標《もくひょう》を立《た》てるコツは、具体的《ぐたいてき》に考《かんが》えること。たとえば、「速《はや》く泳《およ》げるようになる」より「25メートルを●秒《びょう》で泳《およ》げるようになる」など決《き》めたほうが、どうやって達成《たっせい》するか考《かんが》えやすいよ。

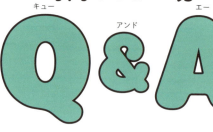

夏休《なつやす》みだけでなく
冬休《ふゆやす》みや春休《はるやす》みも
同《おな》じように考《かんが》えて
計画《けいかく》を立《た》ててみてね！

Q《キュー》 勉強《べんきょう》や宿題《しゅくだい》をする時間《じかん》は毎日《まいにち》とらないとダメですか？

A《エー》 毎日《まいにち》でなくても大丈夫《だいじょうぶ》！ 土日《どにち》のような休《やす》みの日《ひ》もつくろう

夏休《なつやす》み中《ちゅう》も、ふだんの土日《どにち》のような休《やす》みの日《ひ》を、定期的《ていきてき》につくるといいよ。たとえば、月《げつ》～金曜日《きんようび》のすごし方《かた》と、土日《どにち》のすごし方《かた》を変《か》えると、メリハリがつくね。

夏休《なつやす》みにしかできないことにチャレンジしたり、家族《かぞく》とゆっくりすごすなど、いつもとちがう時間《じかん》のつかい方《かた》も取《と》り入《い》れられるといいね。

おわりに

時間《じかん》のつかい方《かた》を学《まな》んで、どうでしたか？
毎日《まいにち》の生活《せいかつ》は変《か》わったでしょうか？

朝《あさ》、バタバタすることがなくなった、
宿題《しゅくだい》を計画的《けいかくてき》にできるようになったなど、
時間《じかん》をうまくつかえるようになったと、感《かん》じている人《ひと》も多《おお》いかもしれませんね。
また、自分《じぶん》が心地《ここち》よい時間《じかん》をたくさんすごせるようになった人《ひと》も多《おお》いはず！

「まだ時間《じかん》をうまくつかえていないな」と感《かん》じている人《ひと》も、大丈夫《だいじょうぶ》。
時間《じかん》のつかい方《かた》を意識《いしき》して、毎日《まいにち》の時間《じかん》のつかい方《かた》をふり返《かえ》りながら
くらしていくことで、少《すこ》しずつうまくなっていきますよ。
こまったときは、この本《ほん》を読《よ》み返《かえ》して参考《さんこう》にしてください。

最初《さいしょ》のほうでも話《はな》したように、何《なに》よりも大切《たいせつ》なのは
「何《なに》をしている時間《じかん》が楽《たの》しいか」を知《し》ることです。
それを知《し》っている人《ひと》は、どんどん時間《じかん》のつかい方《かた》がうまくなりますし、
大人《おとな》になっても、自分《じぶん》が心地《ここち》よい時間《じかん》を、大切《たいせつ》にできるはずです。

時間《じかん》とのつきあいは一生《いっしょう》続《つづ》くもの。
自分《じぶん》の「楽《たの》しい」「心地《ここち》よい」を、たくさん見《み》つけていってくださいね！

1日5分！
タイプ別診断でわかる②
きみにむいてる時間のつかい方

発行	2024年10月　第1刷

監修	吉武麻子
イラスト	WOODY
発行者	加藤裕樹
編集	富川いず美
装丁・本文フォーマット	尾崎行欧、安井 彩、炭谷 倫 宗藤朱音、本多亜実 （尾崎行欧デザイン事務所）
DTP・本文デザイン	株式会社アド・クレール
編集協力・執筆	花澤靖子 （株式会社スリーシーズン）
発行所	株式会社ポプラ社 〒141-8210 東京都品川区 西五反田 3-5-8 JR目黒MARCビル12階 ホームページ　www.poplar.co.jp
印刷・製本	中央精版印刷株式会社

©WOODY 2024
ISBN978-4-591-18318-2　N.D.C. 590　127p　21cm
Printed in Japan

- 落丁・乱丁本はお取り替えいたします。ホームページ（www.poplar.co.jp）のお問い合わせ一覧よりご連絡ください。
- 本書のコピー、スキャン、デジタル化等の無断複製は著作権法上での例外を除き禁じられています。本書を代行業者等の第三者に依頼してスキャンやデジタル化することは、たとえ個人や家庭内での利用であっても著作権法上認められておりません。

P6052002

監修　吉武麻子（よしたけ あさこ）

1981年、神奈川県生まれ。TIME COORDINATE株式会社代表取締役。大学卒業後、旅行会社勤務を経て、26歳で韓国留学。その後、現地法人でキャスティングディレクターとして24時間365日仕事に追われる日々を過ごす。帰国後、キャリアとライフイベントの狭間で葛藤した経験から、疲弊せずに毎日を楽しみながら仕事のパフォーマンスもあげていく「タイムコーディネート術」を考案し、のべ4000名以上に指南。心地よい時間の使い方で、ありたい未来をつかみに行くための「タイムコーディネート実践プログラム」や「タイムコーディネーター養成講座」を開講。また、書籍の監修や、タイムコーディネート手帳の製作販売、企業研修、時間の専門家として各種メディアにて掲載・連載執筆を行っている。著書に『目標や夢が達成できる　1年・1カ月・1週間・1日の時間術』（かんき出版）、監修を担当した書籍に『時短・効率化の前に　今さら聞けない時間の超基本』（朝日新聞出版）、『やりたいことがどんどん叶う！　じぶん時間割の作り方』（オーバーラップ）他。プライベートでは2児の母。

本の感想をお待ちしております

アンケート回答にご協力いただいた方には、ポプラ社公式通販サイト「kodo-mall（こどもーる）」で使えるクーポンをプレゼントいたします。

※プレゼントは事前の予告なく終了することがございます
※クーポンには利用条件がございます